Instrucciones para salvar al mundo de un tirano populista

Ensayos de política y otros cuentos

PAVEL GÓMEZ

Santiago de Chile: Autoedición del autor.

ISBN: 1-71-747401-2
ISBN-13: 978-1-71-747401-8

Diseño de Cubierta: Jorge Briceño Cepeda

CONTENIDO

PRÓLOGO

El tiempo deja huellas y mi escritura es el relato de cómo este me ha moldeado, o ha moldeado la manera como percibo al mundo, mis intereses intelectuales, las cosas o eventos en los que ocupo mis monólogos, las pistas que persigo en la lectura, las crónicas de un agradecimiento que busca entender algunas cosas y simplemente disfrutar y transmitir el asombro de las otras. He allí la mezcla que define a estos textos, un poco de ensayo, con el que intento decodificar mi percepción del mundo, y una pizca de narrativa, como anhelo de poder invocar el más simple divertimento.

He cumplido cincuenta años y la simbología del tiempo me persigue. Este libro es una síntesis de esa persecución, desde la mirada que tengo en este punto de mi línea de vida. Cincuenta textos que resumen lo vaciado en el año alrededor de mi quincuagésimo cumpleaños. La mayoría son ensayos sobre política, una esfera o un ámbito que me apasiona desde la niñez, en cuyo pasto de análisis yacen un madurado escepticismo y cierta esperanza que se viste de porfía. Estos ensayos conforman el primero de los cuatro capítulos del libro, y los he dividido a su vez en tres secciones. La sección A contiene una colección de ensayos sobre el populismo global, cuyo nombre, "Instrucciones para salvar al mundo de un tirano populista", da título al libro; la sección B, contiene una serie de ensayos sobre el volcán político más activo de Latinoamérica, Venezuela; y, para cerrar el primer capítulo, la sección C presenta un grupo de textos que son una suerte de conjeturas libres, testimonios de un observador clandestino y al mismo tiempo global.

Al segundo capítulo lo he llamado "Cantos políticos", porque son textos que aunque tienen un matiz político resultan de una escritura que es en cierto modo sentimental, como si la reflexión política se expresara como una regurgitación de sentimientos. Las palabras me brotan como si estuviera vomitando una pasión. La aparición de un evento político en mi horizonte dispara un relato que se manifiesta con cierta desnudez.

En el tercer capítulo están mis textos preferidos, a los que he llamado "Sueños" porque provienen de una escritura que es, en cierto modo, automática. En unos casos estos son literalmente sueños: la simple transcripción de imágenes surgidas del sueño o de ese limbo delicioso que es el ensueño. En otros casos son la expresión de imágenes que destellan en mi cabeza cuando camino o hago ejercicio, y en cuya aparición no media la conciencia inmediata. De estos, y quizá de todo el libro, mis textos preferidos son "Al fin una buena noticia" y "Un sueño simulado".

Al cuarto y último capítulo lo he llamado por lo que mejor le calza, "Reseñas", ya que son narraciones que comentan libros o que surgieron impelidas por la lectura de ciertos libros o ensayos.

Cincuenta textos escritos para desalojar la casa, para drenar la reflexión, para dejar atrás ciertos temas y liberar espacio para la llegada de los siguientes, o de los mismos pero renovados, como cuando un hijo regresa a casa después de varios años.

¡Salud y gratitud!

CAPÍTULO I. ENSAYOS

SECCIÓN A. INSTRUCCIONES PARA SALVAR AL MUNDO DE UN TIRANO POPULISTA

1 CLAVES PARA COMPRENDER EL AVANCE DEL POPULISMO

El virus del populismo se disemina, muta, contagia en distintos puntos del espectro político global. Unos celebran, algunos aprenden cómo dirigir sus huestes devastadoras contra sus rivales políticos y muchos se aterrorizan ante los efectos de su destrucción continuada. Pero es un hecho que el mensaje populista germina cuando se coordinan los excluidos, los ignorados, los resentidos, los que se sienten dejados atrás, los perdedores, los que han perdido el tren de la tierra prometida del consumo y el confort.

Entonces la rabia y su verdugo, la venganza, se convierten en tambores que alientan a ejércitos de electores, activos, decididos a elegir al profeta, al insultante, al que promete devolverte al cielo del que fuiste desplazado por la élite corrupta, por los inmigrantes o por los infieles. El cuento de fondo es siempre el mismo: la palabra invoca al pueblo, al ciudadano común, a las masas, a los dueños naturales de esta tierra que fueron expropiados, y les otorga cuerpo creando un nuevo y poderoso sujeto político. El hacedor puede llamarse Trump, Chávez, Berlusconi, Iglesias, Morales o Tsipras.

No es poco lo que se ha escrito sobre el populismo. A finales de los 1980, un grupo de economistas le dedicó una colección de estudios a la macroeconomía del populismo latinoamericano[1], y más recientemente se le ha indagado desde la ciencia política y la sociología[2] . Pero hay un ángulo del análisis del populismo que me parece particularmente interesante, cuyo centro podemos ubicarlo en los trabajos de Ernesto Laclau sobre populismo, identidad y hegemonía. [3]

Teoría y experimentación populista

Ernesto Laclau[4] fue un teórico político, historiador y sociólogo argentino, profesor de teoría política de la Universidad de Essex (Reino Unido) por cerca de tres décadas. Laclau fue un pensador post-marxista que concentró buena parte de su trabajo de investigación en el estudio de la génesis del populismo y el rol del discurso en su configuración.

La tesis de Laclau discurre de la siguiente manera:

- Supongamos un país en el que muchas personas son atraídas por las oportunidades ofrecidas por las grandes ciudades. Como consecuencia de esto, se desplazan y se aglomeran en las adyacencias o faldas de estas ciudades.

- Con estas aglomeraciones emerge una variedad de demandas de bienes y servicios públicos, tales como agua potable, educación, salud, transporte, seguridad y otros. Cuando estas necesidades no son oportunamente satisfechas, su acumulación y complejidad dificultan su cobertura tardía.

- Cuando la acumulación de necesidades insatisfechas alcanza cierto nivel, entonces comienza a emerger una equivalencia entre muchas insatisfacciones individuales. A unos les falta agua potable, a otros salud, a algunos educación, y pronto todos estas insatisfacciones se hacen equivalentes como manifestaciones de un tipo de exclusión o segregación.

- Este sentido compartido de exclusión se manifiesta entonces en una suerte de abismo, muy profundo, que separa a una mayoría de excluidos de una reducida élite que controla el poder político y la distribución de oportunidades económicas.

- Es en este punto en el que la aparición de un líder populista puede encarnar un discurso unificador de los excluidos alrededor de la figura del "pueblo" en oposición a la élite.

- Esta unificación simbólica y discursiva de los excluidos es la base para la creación de una identidad común, que une, mueve y politiza a ese pueblo para actuar políticamente contra la élite y sus representantes políticos y económicos tradicionales.

- Esta identidad construida a partir de un discurso simple, repetitivo y vengador, sería entonces lo que otorga cohesión a los movimientos políticos dirigidos por líderes como Alexis Tsipras, Evo Morales, Hugo Chávez o Pablo Iglesias.

Laclau no sólo ofrece una explicación de la emergencia del populismo, sino que prescribe, de cierta manera, cómo construir un discurso político que configure la identidad de un "pueblo", antagonista de la "élite" o la "oligarquía", cuya expresión política ha probado ser electoralmente muy exitosa. La prescripción de Laclau fue experimentalmente ensayada en países como Bolivia, España, Grecia y Venezuela, en todos estos casos con una tasa de éxito electoral relativamente alta. La historia bien pudiera entregar elementos para una novela.

Resulta que algunos discípulos de Laclau, tales como Íñigo Errejón[5] y Juan Carlos Monedero[6] (fundadores del partido español Podemos), vieron en los procesos iniciados por Evo Morales y Hugo Chávez una oportunidad para llevar a cabo un experimento académico de incidencia política: La sistematización de la construcción discursiva populista, en la que un líder crea toda una narrativa que establece los códigos y las articulaciones de una identidad que arropa y aglutina. Las referencias básicas de esta narrativa son siempre dicotómicas, muy simples, pero políticamente muy poderosas: "el bien contra el mal"; "la pureza del pueblo contra la contaminación de las élites"; "los excluidos de siempre contra los monopolizadores del poder".

La tesis con la que Íñigo Errejón alcanzó el grado de doctor en ciencias políticas se titula "La lucha por la hegemonía durante el primer gobierno del MAS en Bolivia (2006-2009): un análisis discursivo".

En uno de sus capítulos, titulado "Identidades políticas y construcción del "Pueblo"", Errejón señala que "...la práctica emancipadora de los sectores subalternos en Bolivia es hegemónica porque ha aspirado, con éxito, a redefinir los contornos de la nación para identificarla con los intereses de los más desfavorecidos, frente a una estructura política excluyente que sólo beneficiaba a las élites blancas y ricas. Se trata, por tanto, de un fenómeno histórico de construcción de poder político a través de una hegemonía expansiva producida por mecanismos populistas, en términos de Laclau."[7]

En sus conclusiones, Errejón dice lo siguiente, refiriéndose a la segunda victoria electoral de Evo Morales:

"En paralelo al cambio electoral, una transformación político-discursiva menos explícita pero más radical había modificado la política boliviana en esos años: no es sólo que el Movimiento Al Socialismo fuese la fuerza más votada, es que su diagnóstico de la realidad, sus símbolos y propuestas, habían pasado a ser parte del imaginario colectivo de los bolivianos. En otras palabras, todo actor político que se pretenda relevante en Bolivia, incluso desde la oposición más furibunda al gobierno, debe ahora moverse dentro de los marcos culturales y hablar con el lenguaje que están en la base de un sentido común favorable al oficialismo."

En el 2014, un grupo de jóvenes españoles, en el que destacan varios discípulos de Laclau, funda el partido Podemos. Ese mismo año, Pablo Iglesias le ofreció a Errejón la jefatura de la campaña de Podemos para las elecciones del Parlamento Europeo. La campaña fue un éxito y esta nueva agrupación obtuvo cerca de 1,25 millones de votos, suficientes para ganar cinco curules en ese parlamento (para poner en contexto piense que el PP y el PSOE obtuvieron 16 y 14 curules, respectivamente).

Este éxito se reafirma en las dos elecciones parlamentarias españolas de 2016. En las más recientes, celebradas el 26 de junio de este año, Podemos obtuvo 67 diputados (el PP obtuvo 134 y el PSOE 84), convirtiéndose en apenas dos años en una importante fuerza política del país ibérico.

Discusión final

El populismo sigue alimentando movimientos telúricos en el escenario político global. La posibilidad de un Donald Trump, el Brexit, Syriza y Podemos, son solo algunos ejemplos del éxito electoral del discurso populista. Esto es aterrador y cotidiano.

Ya sabemos bastante sobre sus habituales consecuencias económicas. Pero crece el interés por comprender por qué surge, cuáles son sus variables explicativas, cómo explicar su éxito político. Un enfoque metodológico busca por los factores de oferta y demanda que ayudan a responder estas preguntas. En el lado de la oferta, se busca identificar elementos como el rol de los emprendedores políticos que ofrecen populismo, las manifestaciones del antagonismo populista en el discurso de los líderes, etc. En el lado de la demanda, se indaga sobre las motivaciones de los electores que piden populismo (crisis económica, percepción de corrupción generalizada del sistema político, programas económicos fallidos).

Esta es una invitación a estudiar las tesis de Laclau y a comprender los experimentos desarrollados por esta escuela (Bolivia, España, Venezuela). Esto puede ser un complemento que ayude a la comprensión de un fenómeno cuyos resultados todos conocemos, pero aún no entendemos muy bien cómo es el proceso que conduce a su desenlace.

Desde el punto de vista práctico, el diseño y desarrollo de una acción política en oposición al populismo requiere comprender no solo las aristas del clientelismo y la transferencias de rentas, sino también aquellos elementos que cohesionan a los seguidores de estos proyectos mediante la creación deliberada y sistemática de una identidad.

La superación de los estragos y las amenazas populistas quizá requiera de una contra-narrativa que sustente una identidad alternativa, reforzada por instituciones incluyentes que frenen el crecimiento de esos antagonismos donde pastan los predicadores de venganzas y salvaciones.

2 ¿SE PARECEN LOS AMANTES DE LOS CHÁVEZ Y LOS TRUMP?

Angustia de pánico, fue el diagnóstico que el jefe del equipo médico le describió a Antenio Coll, la mañana del 3 de noviembre de 2016. A las 11:30 horas de la noche anterior, Antenio había sufrido su más reciente crisis nerviosa; una tan fuerte que debió ser rescatado en ambulancia y depositado en la sala de urgencias del Hospital Universitario de Chicago. Minutos después, mientras la ciudad celebraba frenéticamente la coronación de los Cachorros como campeones de la serie mundial de béisbol, Antenio yacía sedado e ignorante en una cama de sala compartida.

Cuatro de sus compañeros, más él, se habían reunido a ver el último y decisivo partido de la temporada 2016 del béisbol de grandes ligas. Pero el curso del juego comenzó a parecérsele demasiado a sus dos principales angustias políticas: Venezuela y los EEUU. Dos veces la ventaja de su equipo fue remontada por el rival y en pleno fragor de la lucha el juego había sido temporalmente suspendido por lluvia. Fue entonces cuando sobrevino la crisis y Antenio tuvo que ser evacuado de urgencia por los paramédicos. No conocería el desenlace hasta la mañana siguiente.

Antenio Coll (sí, Antenio, con e) es un venezolano, oriundo de la ciudad de Maracaibo, que estudia un doctorado en psicología política en la ciudad de los vientos. Desde hace dos semanas nuestro amigo es presa de eso que ahora sabemos que se llama "angustia de pánico". La perspectiva de que Donald Trump pueda ganar las elecciones del 8 de noviembre, le ha hecho creer que el infierno populista lo persigue y que no pudo escapar del todo de este fantasma cuando abandonó Venezuela en el 2013.
¿Quién invitó al elefante a la cristalería?

Al mediodía de hoy, 3 de noviembre, Antenio me pidió que escribiera un comentario sobre una reciente investigación de psicología política, que fue reseñada en la edición de ayer del Washington Post bajo el título "Lo que tienen en común los ciudadanos que votan por líderes autoritarios".[8]

Amy Erica Smith, de la Universidad del estado de Iowa, y Mollie Cohen, de la Universidad Vanderbilt, se plantearon indagar sobre la relación entre las actitudes autoritarias de los ciudadanos, por una parte, y la votación de los candidatos que son definidos como autoritarios, por la otra. El foco del estudio fueron los países latinoamericanos, en los cuales hay múltiples casos de líderes autoritarios que se distribuyen a ambos lados del espectro político.[9]

Las actitudes autoritarias de las personas son definidas en términos de cuánto se valora la sujeción a las normas del grupo y a las figuras de autoridad, y cuán agresivo se es con los inconformistas. Para medir estas actitudes, se realizó una encuesta en América Latina, Canadá y los EEUU, en la cual se le pedía a las personas que eligieran, dentro de opciones ordenadas en pares, cuáles rasgos o cualidades deberían tener los niños: "independencia" o "respeto por los adultos"; "obediencia" o "autonomía"; "creatividad" o "disciplina". A partir de las respuestas obtenidas, las autoras crearon un índice de actitud autoritaria.

Por otro lado, las autoras identificaron, entre los años 2006 y 2016, a un total de 18 candidatos autoritarios en América Latina. Para esto evaluaron tanto las características del discurso de cada uno de éstos, como el comportamiento en el poder de los que tuvieron experiencia de gobierno. Se encontró que estos candidatos autoritarios podían ser clasificados en la derecha o en la izquierda, según su preferencia por políticas de "mano dura" frente a las desviaciones (derecha), o de menosprecio de las libertades civiles y de la independencia y el equilibrio de los poderes públicos (izquierda).

Smith y Cohen entonces estudiaron la relación entre el índice de actitud autoritaria de los ciudadanos y la votación de los líderes autoritarios, tomando en cuenta la presencia de una serie de características adicionales de los ciudadanos, tales como riqueza, género y educación.

Los resultados obtenidos por las autoras se pueden clasificar en dos conjuntos:

- Mientras mayor es el grado de autoritarismo de las personas, mayor es la votación de los candidatos autoritarios de derecha. Sin embargo, esta variable no tiene una influencia significativa en la votación de los candidatos autoritarios de izquierda.
- Mientras mayor es la educación de los ciudadanos de un país, menor es la votación de los candidatos autoritarios en general, pero esta diferencia es significativamente más alta en el caso de los candidatos de izquierda (la probabilidad de votar por un candidato de izquierda es 20 puntos porcentuales más alta en los no educados con respecto a los educados; esta diferencia es solo 6 puntos

porcentuales en el caso de los autoritarios de derecha).

Conclusiones

La primera conclusión puede parecer obvia: La educación, tanto por sus contenidos como por sus hábitos deliberativos, sería una de las más efectivas vacunas contra el dominio de líderes autoritarios, sobre todo contra la hegemonía de los autoritarios de izquierda.

La segunda conclusión nos arroja hacia un río de nuevas preguntas. Las actitudes autoritarias son, en su versión inclinada a la derecha, demandas de ley y orden, de respuestas duras, enérgicas e intolerantes, que estarían latentes en todas las personas (como mecanismos autoprotectores) y que serían gatilladas o activadas por la percepción de amenazas físicas inminentes o por la inestabilidad derivada de bruscos cambios sociales.

Como señala Jonathan Haidt, psicólogo político de la Universidad de Nueva York, pareciera haber un mecanismo que ordenara que "en caso de amenaza moral, cierra las fronteras, patea fuera del país a los que son diferentes y castiga a aquellos que son moralmente desviados".[10]

La angustia de pánico de nuestro amigo Antenio Coll puede ser tratada con ansiolíticos. La angustia de pánico de un país puede terminar eligiendo a Donald Trump. ¡Que los dioses protejan a Antenio!

3 DEL RESENTIMIENTO COMO FUENTE DE TRAGEDIAS POLÍTICAS

En aquella aciaga tarde de 1985, nadie imaginaba que la frustración de la carrera musical de una despierta y tierna chica tendría graves efectos políticos más de dos décadas después. Antinar Beta es el nombre de la protagonista de una historia que comenzó como una mezcla de ilusión y esperanza juvenil, y terminó como lo que parece ser un proyecto personal de venganza política y social.

Comenzaba la hermosa edad de los siete años y con esta despertaban los primeros signos del primer amor de Antinar. Una mañana de domingo su madre la había llevado a un concierto que le pareció como un paseo por un bosque secreto, habitado por aves encantadas y pícaras hadas madrinas que se escondían en el lecho de un riachuelo. De toda la multiplicidad de instrumentos que despertaban aquellos acordes maravillosos, Antinar se sintió atraída por un curioso tubo marrón, salpicado de dorados, que era soplado a través de una suerte de boquilla, que partía de los labios del músico, y tras unos pocos centímetros daba una curiosa curva hasta empalmar con el cuerpo cilíndrico del instrumento.

Al terminar el concierto, Antinar hizo que su madre preguntara los detalles de aquella "extraña flauta", y ambas descubrieron que su nombre era Fagot y que era familia lejana del Oboe, debido a que ambos producían sonidos a partir de la vibración de una lengüeta doble. Al menos esto fue lo que les dijo un simpático y obeso señor de pelo blanco y largas patillas, que abrazaba tiernamente su Fagot con unas manos rellenas y peludas.

Pocos años después, a unas cinco cuadras de la casa de Antinar comenzó a operar una sede de la Orquesta Juvenil e Infantil de su país. Como empujada por el recuerdo del señor de las patillas largas, Antinar convenció a su madre de que la inscribiera en aquel frugal conservatorio, en el que unos profesores con pinta de *hippies* hacían audiciones y entregaban instrumentos a unos niños gozosos. Antinar se hizo merecedora de un ronco fagot, entregado en comodato, el cual la acompañaría durante los siguientes siete años.

Pero en 1985 la tragedia sacudió a Antinar con sus manos de fuego. Era el momento de suplir un puesto de fagotista en la Orquesta Nacional y Antinar tenía las mejores credenciales para la vacante. Varios de sus profesores lo sabían: ella era virtuosa y disciplinada, estudiosa y brillante. Pero entonces, en el momento crucial de la definición, el comité evaluador se inclinó por un fagotista cercano a uno de los directores nacionales del sistema de orquestas. Cuando Antinar le preguntó a su profesora más cercana sobre la explicación de esta decisión, ésta fue categórica: "Tú tenías todo lo requerido para ser seleccionada menos algo: las redes sociales, políticas y familiares que injustamente también pesan en estas elecciones. Pero aún podemos apelar".

Antinar, entonces, se dejó ganar por una mezcla de frustración y timidez, y decidió desistir de cualquier apelación o movimiento hacia otra orquesta. Se concentraría en sus estudios de derecho y con ello apostaría por ser una exitosa abogada antes que una fagotista de orquesta de segunda.

Varios años después, cuando regresaba a su país después de haber realizado un doctorado en España, Antinar rescató su vieja cercanía con un grupo de profesionales que jugaría un rol clave en el gobierno populista que perpetuaba una hegemonía política en aquel país. Antinar, para entonces, ya no era la fagotista juguetona, luminosa y cálida de sus años en la orquesta. Se distanció de la mayoría de sus viejos amigos músicos y enterró, junto al fagot, su ánimo tolerante, su visión fresca, crítica y heterodoxa de la política, y así, mucho de lo que mejor recordaban sus amigos del conservatorio y la universidad.

Hoy día, Antinar Beta es un cuadro clave, del más alto rango, de un gobierno que golpea a la disidencia, que no admite cuestionamientos de los dogmas ideológicos sobre los que construye un modelo de sociedad cerrado, uniforme, sin equilibrios políticos, económica y socialmente desastroso.

Antinar, como muchos otros soportes políticos e intelectuales de ese gobierno mediocre y dictatorial, parece haber encontrado una suerte de sonda, a través de la cual compartir su resentimiento con otros funcionarios, como si compartieran su propia sangre transmutada en una sabia amarga, rabiosa y vengadora. Como si todos los que piensan distinto, los que aspiran a una sociedad abierta, con contrapesos institucionales, con poderes civiles sujetos a la competencia política, con un poder militar sujeto al poder civil, como si todos esos otros fueran la imagen recurrente, la representación repetida de los miembros de aquel comité, que escogieron a un fagotista sólo por su apellido, por su género, por su extroversión y simpatía, por su sangre de mecenas y su elegancia plutocrática.

Manuel García-Pelayo, quien fue profesor de ciencias políticas y filosofía, fundador del departamento de ciencias políticas de la Universidad Central de Venezuela y luego presidente de la Corte Constitucional de España, propuso una definición del resentimiento social que resulta pertinente a propósito del caso de Antinar:

"El resentimiento es la constante vivencia de una humillación que no sólo no se ha olvidado intelectualmente, sino que es constantemente revivida, vuelta permanentemente a sentir, re-sentida." (...) "El resentimiento social deriva de la pertenencia a un estrato en situación de inferioridad dentro de la jerarquía social, o de una falta de adecuación entre la estimación ideal de un determinado estamento y su situación real; en última instancia, de la carencia de las cosas que desde un estrato dado, se crea con derecho a tener. Es la existencia la que condiciona la conciencia, y una existencia sentida injustamente inferior, trágica, sin salida, termina creando una conciencia que puede ser en todo o en parte y, a veces, grandiosa, racionalización del resentimiento."[11]

Obviamente, hay elementos sociales, culturales e institucionales que incuban y alimentan el resentimiento. Cuando hay una historia de persistencia de desigualdad de oportunidades, sobremanera en un contexto de elevado éxito económico relativo (en comparación con vecinos y puntos de referencia), entonces la sensación de frustración puede ser muy alta, y esto puede facilitar la proliferación de sujetos resentidos.

Hay un desafío político e institucional que consiste en privilegiar reglas, costumbres y conductas que favorezcan una meritocracia ciega, que generen igualdad de oportunidades, y de esta manera reduzcan las fuentes de resentimiento social.

Como apuntó el filósofo alemán Max Scheler, en un ensayo publicado en 1915: "El resentimiento es una autointoxicación psíquica permanente que emerge al reprimir sistemáticamente la descarga de ciertas emociones y afectos, los cuales son en sí normales y pertenecen al fondo de la naturaleza humana." Según la tesis de Scheler, cuando el sujeto responde a un ataque con un contrataque, cuando la herida es respondida con un reclamo inmediato, cuando se expresa y verbaliza la incomodidad directamente frente al agresor, entonces se reduce la carga resentida. "El resentimiento no puede jamás desarrollarse sin un sentimiento específico de impotencia".[12]

Hay entonces, también, un desafío perteneciente al ámbito íntimo de cada uno de nosotros, que consiste en sacar el dolor, en descargarse frente a las heridas, en reclamar ante la injusticia para sentir la herida, pero no re-sentirla. Es la silenciosa aceptación de la agresión o de la injusticia lo que incubaría el acto de volver a sentir, o sea, el resentimiento. ¿Acaso la historia de Antinar hubiese derivado de manera diferente si ella hubiera decidido apelar la decisión del comité, pelear su caso y crear una puerta de salida a toda su frustración y su dolor?

Yo vengo de un país cuyas instituciones parecen haber sido asaltadas por cientos de Antinares, por personajes que guardaron y cultivaron el dolor de una exclusión, discriminación u ofensa, que no fueron capaces de sentirlas y reclamarlas de manera oportuna, sino más bien parece que optaron por mantener vivo, secreta e íntimamente, el fuego del desprecio permanente frente a todo lo que relacionan con el *bullying* o la discriminación clasista, racista, misógina u otra, de las que se sintieron receptores en su juventud, o en algún punto de su historia personal.

4 ¿POR QUÉ DONALD TRUMP GANÓ LAS ELECCIONES EN LOS EEUU?

Llegó el día y nos dejó su peor expectativa. Donald Trump es el 45° presidente de los EEUU. La posibilidad se vistió de presencia, de premio, de triunfo de la arrogancia sobre la vacuidad. Es un hecho: a las 8:47 a.m. del día siguiente a la elección, hora de Washington, Trump acumulaba 290 votos electorales, veinte más de los necesarios para obtener el triunfo. De nada vale que Hillary alcance una mayoría del voto popular, como también ocurría a aquella hora, cuando la candidata demócrata superaba al republicano por 138.000 votos. Esta última ventaja podría ampliarse o revertirse, pero ya nada de eso importaba. Donald Trump es el 45° presidente de los EEUU. Vaya tragedia.

Donald Trump ha propuesto un apartheid y el electorado se lo ha comprado. Por diversas razones, pero lo cierto es que hay un inmenso apoyo a una concepción política voluntarista, misógina, xenófoba, y sobre todo supremacista. El populismo es la coordinación de los resentimientos, la creación de una identidad política que se define en antagonismo radical a sus rivales, como representante de una superioridad moral. De allí su naturaleza totalitaria. Y este es el discurso político ganador.

¿Cómo explicar el triunfo de Trump? Dentro de todo lo que se ha dicho sobre el populismo y sus disparadores hay una hipótesis que me parece que vale la pena explorar.

La hipótesis del "Manejo Estratégico de la Amígdala"

Esta hipótesis se enfoca en cómo el populismo, en la práctica, sería una estrategia de creación de una identidad política común, basada en una narrativa de alta pugnacidad, excluyente, orientada a la exacerbación de prejuicios, estereotipos y resentimientos, para capitalizar políticamente los temores y rebaños resultantes. Específicamente, la hipótesis del manejo estratégico de la amígdala discurre de la siguiente manera:

- Supongamos que se identifican algunas amenazas muy temidas en un momento político determinado, tales como depauperación económica, crimen o terrorismo.

- Ahora imagine que hay unos estrategas políticos especializados en creación de una narrativa o relato político populista. Estos estrategas conocen la investigación en neurociencia que muestra que cuando nos enfrentamos a una amenaza, un cuerpo de neuronas localizado en el cerebro, la amígdala cerebral, emite una alarma en forma de una cascada que reduce nuestra capacidad para tomar decisiones complejas, para evaluar múltiples perspectivas y nuestra memoria se torna poco confiable, de manera que nos cuesta recordar cosas que nos calman. Frente al miedo disparado por una amenaza, la luz de emergencia de la amígdala repetidamente indica: peligro, reacciona-protege-ataca y "quedamos atrapados en la perspectiva que nos hace sentir más seguros: yo estoy en lo correcto y tú estás equivocado".[13]

- Estos asesores políticos conocen también otras investigaciones recientes[14] que señalan que el cerebro humano está especialmente predispuesto a la fijación de estereotipos negativos y que esto explica por qué surgen y se diseminan tan fácilmente los prejuicios raciales, étnicos o culturales.[15]

- Ahora imagine que estos asesores políticos identifican a unos enemigos específicos como responsables de estas amenazas, e.g. la élite corrupta, los inmigrantes latinos o los musulmanes, e introducen unas ideas muy simples sobre el bien y el mal, el grupo versus los enemigos, los honrados versus los corruptos, mediante las cuales se robustecen unos estereotipos negativos, es decir, se etiqueta a todo el que calza con los rasgos del grupo responsable como parte de los antagonistas de la tribu "Nosotros" (los buenos, los trabajadores, los honestos, los herederos naturales esta tierra, etc.).

- Finalmente se elabora un acabado discurso basado en el insulto al enemigo político, en el lenguaje de la guerra, en una épica de salvación llevado a cabo por un agente externo, no contaminado por la dinámica histórica del sistema, cuyo principal objetivo es exacerbar el conflicto para alimentar miedos y temores muy básicos asociados a la supervivencia, y así ir amalgamando una identidad que se expresa en la figura del líder y que representa a todos los excluidos.

- Este líder aglutinador de los resentimientos por ahora se llama Donald Trump y su elección como presidente de los EEUU sería la prueba del éxito de una estrategia política basada en la activación deliberada y colectiva de la amígdala cerebral, en un marco de prejuicios y estereotipos negativos fuertemente arraigados.

Según esta hipótesis, la estrategia populista se habría "paquetizado" y eso explicaría el porqué del éxito de populistas a ambos lados del espectro político: unos como Trump y Le Pen, a la derecha, y otros como Chávez, Morales e Iglesias, a la izquierda.

Uno de los mayores riesgos del populismo es que los electores decidan poner una alta proporción del poder en manos de una facción política (lo que se traduciría en menor independencia entre los poderes y el consecuente deterioro de mecanismos de chequeos mutuos y contrapesos institucionales), como una manera de blindar a los líderes políticos del lobby y de la influencia de las "élites corruptas". Esta es entonces la gran prueba de fuego de un sistema político tras la elección de un populista: ¿cuánto se podrán mantener los equilibrios de poderes? [16]

En la elección estadounidense de noviembre de 2016 se le entregaron las mayorías de diputados (representantes) y senadores al partido Republicano y el nuevo presidente postulará al miembro de la Corte Suprema que reemplazará al recién fallecido Juez Antonin Scalia (y eventualmente a otro más). A partir de este momento entonces se verá cuál es el grado real de independencia del partido Republicano con respecto a Trump y cuánto este partido podría contribuir a la erosión de los contrapesos institucionales.

Amanecerá y veremos.

5 DE CÓMO CIERTA DERECHA LE ALLANA EL TERRENO AL POPULISMO EN AMÉRICA LATINA

El florecimiento de una América Latina próspera, sustentable y justa depende, en primera instancia, de la construcción de instituciones políticas virtuosas. Pero es preciso comprender que la germinación de instituciones políticas virtuosas depende, a su vez, de la apertura de un espacio en donde la derecha y la izquierda, liberales y conservadores, puedan alcanzar un mínimo acuerdo alrededor de los problemas, los diagnósticos y las políticas públicas adecuadas para un salto cualitativo. El problema es que esto último es amenazado por la miopía y los prejuicios que habitan en los extremos de nuestro espectro político. La tesis central de estas líneas es que de norte a sur, con ciertas variaciones, la derecha política latinoamericana se ha especializado en cultivar el surgimiento y el poder de una izquierda primitiva y populista.

América Latina es vibrante, impetuosa, colorida, desordenada y soñadora. Es mestiza, joven y mayormente cálida en el trato. Pero lleva siglos atrapada en una telaraña de instituciones mafiosas, de reglas y costumbres que destilan contrastes, riquezas súbitas, miserias y condenas por nacer en el lugar equivocado, en la familia equivocada, con el color equivocado. Tenemos promesas, logros y frecuentes retrocesos.

La fuente de estos retrocesos es la retroalimentación entre una derecha miope, conservadora y elitista, y una izquierda primitiva y mafiosa: es esto lo que cercena las posibilidades de construir instituciones políticas y económicas que produzcan creatividad, innovación, justicia social y sustentabilidad.

Los casos de Venezuela y Cuba ilustran, con una impresionante nitidez, el atolladero más extremo al que conduce el dominio político de esa izquierda dogmática y primitiva. En otros países latinoamericanos hemos visto, con diferentes grados y bemoles, los estragos de unas instituciones emparentadas con ese populismo de izquierda. Pero acá quiero concentrarme en el análisis de la miopía de la derecha latinoamericana, y para ello quiero usar el caso de Chile, el más prematuro de nuestros intentos de saltar a la modernidad.

La derecha chilena es un abanico de partidos y movimientos que van desde los herederos políticos directos de la dictadura militar, con una fuerte convicción conservadora y claros lazos religiosos (e.g., con el Opus Dei), hasta algunos partidos de cuadros jóvenes con influencia liberal. El denominador común es una defensa de la libertad económica individual, de un Estado no interventor, del privilegio del mercado como mecanismo de asignación de recursos y de la preponderancia del valor de la libertad (entendida básicamente como libertad económica) por sobre el valor de la igualdad. Por ello, la derecha pone el énfasis de la discusión pública en la reducción de la pobreza mediante el crecimiento económico y le resta importancia a la desigualdad (la derecha ve con sospechas las políticas redistributivas).

En los temas morales, el pensamiento dominante de la derecha chilena converge en un conservadurismo atávico, que se erige sobre la imposición del dogma religioso como base de las instituciones políticas, y que se manifiesta en su ferviente oposición a la figura legal del divorcio (establecido legalmente en Chile en el año 2004, con la oposición de la mayoría de los parlamentarios de la derecha), en su oposición al matrimonio entre personas del mismo sexo, al derecho de las mujeres a abortar bajo causales de peligro para la vida de la mujer, violación e inviabilidad fetal, y en su bloqueo a la legalización de la marihuana.

La crítica de la izquierda radical al capitalismo y su antagonismo con la derecha

En el debate histórico entre izquierda y derecha, un tema central de desacuerdo ha sido la visión de ambos extremos sobre la deseabilidad del capitalismo de mercado. Desde la izquierda, la animadversión hacia el capitalismo proviene de la idea de que cuando se producen los bienes y servicios, el valor clave de estos para la sociedad es producido por los trabajadores, y que el capitalista, por el hecho de ser dueño de los medios de producción, obtendría su ganancia de la "expropiación" de una parte importante del valor producido por los trabajadores. Este valor expropiado sería entonces la ganancia del capitalista, lo cual le permitiría reinvertir para así perpetuar un mecanismo de "apropiación indebida" del valor producido por el trabajo.

En adición a aquello, el argumento de la izquierda clásica añade la idea de que para los capitalistas sería muy fácil coordinarse para reducir la competencia y, en el extremo, para actuar como monopolios, con lo cual también estarían expropiando valor a los consumidores, en forma de precios supra-competitivos.

Digamos que estos dos argumentos son la base del pensamiento de la izquierda más primitiva: el capitalismo consistiría en una doble expropiación, a los trabajadores y a los consumidores, y la derecha habría organizado un cuerpo conceptual para justificar esta extracción de valor. En el discurso más contemporáneo, pudiésemos agregar al pensamiento de esta izquierda la idea de que el capitalismo también extraería valor de la naturaleza o del ambiente en forma de contaminación y destrucción de la naturaleza por parte de las empresas.

La búsqueda del centro y las respuestas institucionales

Buena parte de la historia política del siglo XX consistió en la búsqueda de respuestas institucionales a estos cuestionamientos. Desde ambos extremos del espectro político, las respuestas se han basado en desacreditar la viabilidad de su alternativa. En línea con esto, la extrema izquierda ha insistido en la búsqueda de un modelo económico diferente al capitalismo de mercado, en variantes que oscilan entre la completa planificación central (e.g., URSS, Corea del Norte, Cuba) y modelos mixtos en los cuales priva la fijación administrativa de los principales precios de la economía y nacionalizaciones masivas de empresas (e.g., Venezuela).

Sin embargo, desde la centro-izquierda y la centro-derecha hemos visto una búsqueda intelectual y pragmática orientada al diseño de instituciones regulatorias y de mecanismos de incentivos que permitan corregir o minimizar las fallas de los mercados y el descontento con los resultados de estos. Las agencias y reglas antimonopolio, la protección al consumidor, las agencias de protección ambiental, la legislación de protección de los trabajadores, un periodismo de investigación independiente, las regulaciones de los mercados de capitales y las calificadoras de riesgo, son solo algunos de los ejemplos de estos mecanismos institucionales.

En esta búsqueda de respuestas institucionales, las diferencias entre la izquierda y la derecha han sido, fundamentalmente, sobre los grados de intervención regulatoria y sobre cuán viable y efectivo resulta el uso de mecanismos de mercado para alcanzar objetivos públicos (concesiones, uso de *vouchers* en educación y salud, permisos de contaminación transables, etc.). Sin embargo, pese a todo el avance institucional en la creación de reglas y agencias que mitigan las fallas del mercado, hay una dimensión en que los problemas y desavenencias subsisten.

Como señalan los profesores de la Universidad de Harvard, Rebecca Henderson y Karthik Ramanna, en una nota titulada "Los Gerentes y el Capitalismo de Mercado" (2012)[17], aunque estas respuestas institucionales, y la misma competencia por capturar las oportunidades abiertas por las fallas de mercado, han ayudado a salvaguardar las virtudes del capitalismo de mercado (eficiencia, innovación, auge de la creatividad, satisfacción creciente de necesidades, reducción de la pobreza, etc.), aún subsiste un problema central de este modelo: la posición privilegiada de los gerentes y capitanes de empresa para manipular el proceso político y así obtener regalos regulatorios y legislaciones favorables.

Los gerentes y accionistas clave de las grandes empresas poseen el conocimiento, los recursos y las redes para "comprar" a políticos y legisladores y, así, obtener leyes y regulaciones "a su medida". El lobby o cabildeo y el financiamiento electoral son muestras de los mecanismos a través de los cuales las empresas pueden capturar a los políticos. Este es un área en la cual persiste una falla fundamental del sistema y es la base de un argumento para sus detractores.

¿Por qué decimos que cierta derecha chilena le allana el terreno a la izquierda populista?

El partido más grande de Chile es la derechista Unión Demócrata Independiente (UDI), el cual fue fundado por cuadros intelectuales clave del gobierno militar de Augusto Pinochet. Este es el partido que individualmente posee más senadores y diputados en el Congreso de Chile. Debido a su tamaño y al inmenso apoyo que tiene en las élites empresarial y religiosa del país austral, la UDI es también el partido dominante al interior de la coalición de derecha chilena (Chile Vamos).

Gracias a la acuciosidad del periodismo de investigación, desde comienzos de 2016 han comenzado a aflorar varios casos que involucran a importantes dirigentes y parlamentarios de la UDI en eventos singulares de financiamiento irregular de la política; financiamiento que estaría dirigido a incidir en la configuración de leyes específicas. Uno de estos casos se relaciona con la Ley General de Pesca y Acuicultura que el Congreso de Chile aprobó a finales de 2012.

Inicialmente se reveló que Corpesca, una de las principales empresas pesqueras chilenas que es propiedad del grupo Angelini (uno de los grupos económicos más grandes de Chile), había realizado pagos directos a diputados y senadores de la derecha que participaron en la redacción de esta Ley. En particular, el senador Jaime Orpis (UDI), quien tuvo un rol clave en la redacción de la nueva Ley de Pesca, habría recibido 264 millones de pesos chilenos (alrededor de 400 mil dólares) por parte de Corpesca, entre los años 2009 y 2013. El 14 de enero de 2016, la Corte de Apelaciones de Santiago desaforó al senador Jaime Orpis por el caso Corpesca, al ser acogidos los cuatro delitos imputados por el Ministerio Público: cohecho, lavado de activos, delitos tributarios y fraude al Fisco.

En diciembre de 2016, la UDI realizó sus más recientes elecciones internas para escoger a su nuevo presidente. Los principales candidatos eran la senadora Jacqueline Van Rysselberghe (hija de un empresario vinculado a Pinochet y vinculada al Opus Dei) y el diputado Jaime Bellolio (un joven de inclinación relativamente liberal). La senadora Van Rysselberghe resultó ganadora en esta contienda con el 62% de los votos.

El 23 de enero de 2017, el portal de periodismo de investigación chileno CIPER publicó un reportaje en el que se muestra evidencia de que la senadora Van Rysselberghe incorporó al proyecto de la Ley de Pesca las instrucciones recibidas por email de parte de Luis Felipe Moncada, presidente de la Asociación de Industriales Pesqueros de Chile (ASIPES). En este reportaje también se muestra que una de las empresas de esta asociación habría entregado dinero para la campaña electoral de la senadora, en las elecciones parlamentarias del año 2013.

El problema no es solo la incidencia empresarial en la configuración de una Ley, sino la respuesta institucional que ha privado en el principal partido de la derecha chilena. De manera recurrente, altos dirigentes de este partido han señalado que la justicia estaría actuando de manera sesgada contra varios de sus dirigentes, implicados en hechos similares al de la Ley de Pesca. En una carta fechada el 31 de enero de 2017, el senador de la UDI Víctor Pérez Varela respondió a las críticas a la senadora Van Rysselberghe con lo siguiente: "La senadora Van Rysselberghe presidía una comisión que examinaba un proyecto de la ley cuya apreciación exigía conocimientos especializados, ya que podía afectar la sustentabilidad del recurso pesquero. Esta preocupación era compartida por el abogado don Luis Felipe Moncada, su antiguo amigo y compañero de ideales en la promoción de una sociedad libre y justa, (…) quien es una persona seria, confiable y respetada."

Conclusiones

Existe una diferencia clara entre ser pro-mercado (creer en la eficiencia de los mercados para asignar recursos y ayudar al incremento de la competencia al interior de estos) y ser pro-empresas (ayudar a determinadas empresas, a partir de nexos financieros, familiares o filiales con los dueños de estas, a tener una mejor posición competitiva o favorecerlos mediante la legislación). En la medida en que los factores dominantes en la derecha chilena se comporten y vean como normal la conducta pro-empresas, entonces podemos decir que la derecha le está allanando el terreno al populismo de izquierda latinoamericano.

Si no se enfrentan de manera clara los riesgos y problemas vinculados con la posición privilegiada de gerentes y accionistas de las grandes empresas para manipular el sistema político, entonces se está dando la razón a quienes piensan que las virtudes asociadas con el capitalismo de mercado en realidad son una suerte de estafa, una mampara para esconder las colusiones y componendas que permitirían monopolizar las oportunidades económicas y políticas de la sociedad.

6 NUNCA TE IMAGINASTE QUE LOS HECHOS O LA VERDAD SERÍAN IRRELEVANTES

(A propósito de que Donald Trump retirara a los EEUU del Acuerdo de París, en Junio de 2017)

El sábado 22 de abril de 2017 se realizó una curiosa protesta en un conjunto de ciudades del planeta. Los activistas de esta ocasión marcharon en nombre (o en defensa) de la Ciencia. "La ciencia nos muestra la realidad", "la ciencia mejora las decisiones", decían algunas de las pancartas que se agitaron aquel día frente al Museo de Ciencias de Londres, donde se congregaron miles de manifestantes para marchar hacia la británica Plaza del Parlamento. Congregaciones similares se observaron en otras ciudades. Algunos medios reportaron un total de 600 marchas, defendiendo a la ciencia en ciudades de varios continentes.

A primera vista esto pudiera parecer inaudito. ¿Por qué molestarse en gritar que el conocimiento científico debe respetarse? ¿Acaso alguien duda hoy en día del valor de la ciencia? Quizá sea útil dar la vuelta a estas cuestiones y preguntarnos por qué algunos charlatanes son tan exitosos electoralmente, por qué son tan populares algunas ideas descabelladas. Entonces el problema se revela con mayor nitidez. Dejemos jugar a las ideas.

El paradigma de la convergencia hacia la verdad

En todas las sociedades han abundado preguntas relevantes sobre la fuente o el origen de los problemas. Desde las primeras preguntas generales sobre cómo enfrentar las enfermedades, por ejemplo, hasta preguntas más concretas sobre la relación entre bacterias e infecciones y sobre cómo derrotar a las bacterias. Así, siguiendo con estos ejemplos, la ciencia permitió descubrir los antibióticos primero formulando las preguntas precisas y luego aplicando, de manera sistemática, el método científico de la proposición de hipótesis, la experimentación y evaluación de la evidencia, y el rechazo (o destrucción) de las hipótesis derrotadas por el peso de la evidencia empírica y los resultados de los experimentos. Aunque en la comunidad científica global abundan las controversias sobre el poder explicativo y predictivo de muchas de hipótesis, también se han alcanzado algunos consensos clave. Un ejemplo reciente de un consenso de este tipo es el reciente respaldo transversal de la hipótesis de que la actividad humana está ejerciendo un impacto negativo significativo en el cambio climático.

Una manera hermosa de describir el proceso científico de aproximación a la verdad fue la que formalizo un filósofo y ministro presbiteriano inglés del siglo dieciocho llamado Thomas Bayes, quien es considerado como uno de los padres de la estadística moderna. Bayes, estudió lógica y teología en la Universidad de Edimburgo en los alrededores del año de 1720, y en sus trabajos posteriores postuló lo que se conoce como el Teorema de Bayes. En este, Bayes describe cómo nuestras creencias subjetivas iniciales (llamadas creencias ex-ante) sobre la ocurrencia de un fenómeno son ajustadas, tomando en cuenta la evidencia relevante disponible, para entonces producir una nueva creencia, más refinada, llamada la creencia posterior o ex-post.

Veamos un ejemplo para aterrizar esta idea. Imagínese que usted piensa inicialmente que la actividad humana tiene un bajo efecto sobre el cambio climático (para usted, por ejemplo, la probabilidad de que el hombre esté incidiendo en el cambio climático es igual a 20%). Esta sería su creencia subjetiva inicial. Ahora imagine que, como en efecto ocurrió, la Academia Nacional de Ciencias de su país publica un reporte que muestra evidencia empírica de que efectivamente la actividad humana está provocando un cambio climático relevante. Entonces, al incorporar esta nueva pieza de información, usted ajusta su probabilidad inicial y esta pasa a ser de 95%. Esta última es lo que Bayes llama su creencia posterior, la cual ha sido refinada (o "mejorada") al tomar en cuenta una evidencia respaldada consensualmente por estudios que usaron metodologías diferentes, y cuyas hipótesis han resistido un masivo bombardeo desde distintos flancos.

Este virtuoso mecanismo de asimilación de la evidencia científica para ajustar nuestras creencias subjetivas ha facilitado avances importantes en el conocimiento de muchos fenómenos y problemas cuya atención nos resulta acuciante. El modelo democrático liberal, con las instituciones y las deliberaciones que lo caracterizan, debería entonces teóricamente facilitar el impacto de los hechos, de la evidencia empírica y, en general, del conocimiento científico sobre la elección de políticas públicas realizada por los electores. La deliberación democrática y la existencia de instituciones regulatorias formadas por expertos independientes, deberían lubricar el engranaje de un proceso iterativo de consideración de la evidencia, revisión de las creencias a la luz de esta y ajustes respectivos en las propuestas de políticas públicas.

Nuestro problema estriba en que este mecanismo no está funcionando. En diferentes países, un número decisivo de electores está votando por propuestas de políticas públicas que abiertamente contradicen la evidencia empírica. Muchos electores votan por políticas de seguridad ciudadana basadas en incrementar las facultades policiales para detener y registrar a las personas, o en una mayor intervención de las comunicaciones y la información privada, aunque hay creciente evidencia de que estas medidas de política son inefectivas frente a la delincuencia o incluso contraproducentes. Muchos electores están votando por políticas basadas en regulaciones de precios, expropiaciones masivas o barreras a libre comercio, aunque existe evidencia consensuada de que estas políticas generan escasez, baja inversión, mayores precios, ineficiencias y reducciones de la productividad.

A finales del 2017, los electores estadounidenses eligieron a Donald Trump como presidente, aunque muchas de sus propuestas de políticas públicas desprecian o contradicen la evidencia avalada por el consenso de la comunidad científica estadounidense e internacional. Su negación del cambio climático, y su correspondiente oposición a apoyar las medidas conjuntas para mitigarlo (el 1° de junio de 2017 Donald Trump ha retirado a los EEUU del Acuerdo Climático de París), o su "teoría" de que la inmigración es causal relevante del crimen y del terrorismo, serían muestras elocuentes de la incapacidad de los electores para tomar decisiones políticas consistentes con la evidencia científica comúnmente respaldada. ¿Cómo podríamos explicar este fenómeno?

La racionalidad de la tribu

La primera explicación que encontramos para el hecho de que los electores tomen, sistemáticamente, decisiones que contradicen o desprecian un consenso científico que se ha hecho público y es notorio comunicacionalmente, se basa en la educación. Electores poco educados, que poseen información muy limitada, serían incapaces de comprender las conclusiones consensuales de los científicos. Pero cada vez hay más evidencia de que esta explicación es falaz. Veamos.

Dan Kahan es un profesor de la Escuela de Derecho de la Universidad Yale (Yale Law School) que dirige un proyecto conocido como el "Proyecto del entendimiento cultural" (*Cultural Cognition Project*)[18]. Kahan y sus colegas llevan más de diez años estudiando este fenómeno y han escrito una serie de artículos académicos en los que indagan sobre cómo explicarlo. En un artículo del año 2011, titulado *"The Tragedy of the Risk-Perception Commons: Culture Conflict, Rationality Conflict, and Climate Change"*[19] , Kahan y su equipo estudiaron esta hipótesis en los EEUU y encontraron que la educación no es una explicación significativa de este tipo de conducta de los electores. Es más, estos investigadores encontraron que la mayoría de los sujetos encuestados que tenían un nivel relativamente alto de comprensión científica y numérica mostraron una menor inclinación a ver el cambio climático como una amenaza seria. En otro estudio, Dan Kahan y Donald Braman encontraron que cuando se controla por inclinaciones valóricas y culturales, la variable educación deja de ser significativa para explicar casos semejantes a los comentados acá.[20]

Una explicación alternativa, en la que convergen distintas investigaciones recientes[21], apunta a que las decisiones políticas que ocurren en ambientes polarizados son guiadas más bien por valores morales, culturales y por elementos como el deseo de proteger la pertenencia a un grupo, equipo o tribu. Como señala Dan Kahan en un artículo titulado "Ideología, razonamiento motivado y reflexión cognitiva":

"Cuando los riesgos que enfrentamos como sociedad son impregnados con significados sociales antagónicos, es individualmente racional que miembros ordinarios del público traten la información de una manera que los conecte confiablemente con las posiciones que predominan en los grupos que definen su propia identidad". [22]

En estos tiempos observamos una ola de polarización en temas clave: Cambio climático, inmigración, terrorismo, aborto, libre comercio o matrimonio entre personas del mismo sexo. ¿Qué observamos en gran parte de las discusiones públicas sobre estos temas? Desde noticias fabricadas (*fake news*), "hechos alternativos" y negaciones explícitas de la realidad, hasta casos en los que seleccionamos las piezas de información que mejor se ajustan a las creencias que aglutinan a nuestra tribu. Porque, en el fondo, lo que ocurre es que detrás de la discusión sobre una política específica en realidad lo que hay es una discusión moral, entre grupos que se han atrincherado en diferentes facciones, cada una de las cuales adhiere a un conjunto diferenciado de valores compartidos. (Piense en que esto ocurre alrededor de temas controversiales de política tales como la protección de la sindicalización, las regulaciones ambientales sectoriales, el financiamiento de la educación superior o la salud, la integración comercial, el libre tránsito de personas o la fijación de precios máximos). A menudo, los argumentos ceden el paso a las descalificaciones y a acusaciones mutuas de que los portadores de las ideas contrarias a las nuestras son personalmente inmorales, hipócritas, egoístas, vividores, farsantes o deshonestos.

Los valores sagrados que aglutinan a las tribus modernas

En algunos casos, estas trincheras se pueden clasificar usando la típica escala ideológica de izquierda-derecha, pero lo que argumentan estos autores es que la clasificación moral va más allá de estas categorías. La escuela del entendimiento cultural propone dos ejes para la clasificación cultural. El primero sería el eje jerárquico-igualitario. Hacia el lado jerárquico se inclinan las personas que resaltan elementos como el respeto a la autoridad, el desprecio por las "desviaciones" sociales, y la creencia de que las oportunidades, los derechos y los deberes deberían ser asignados por características como la tradición, el género, la raza, la riqueza, la edad, etc. Hacia el lado igualitario se inclinan quienes prefieren que las oportunidades se asignen con criterios de equidad no influenciados por características físicas o sociales y piensan que el Estado debe intervenir para proteger o garantizar la igualdad.

El segundo eje es llamado indivualista-comunitarianista. Las personas que se inclinan hacia el individualismo piensan que el éxito social depende casi exclusivamente del esfuerzo individual, y que la intervención del Estado genera más distorsiones que beneficios sociales y suele estar motivada por el deseo de algunos de apropiarse de lo producido por otros (buscadores de renta). Quienes se inclinan hacia el comunitarianismo piensan que los intereses de los individuos deben estar subordinados a los intereses del colectivo, y que un ente de representación colectiva es el responsable de garantizar el florecimiento individual y proteger a los débiles o menos favorecidos.

Una hipótesis plausible es que la polarización política empuja a los individuos hacia dos tribus. Una Jerárquica-Individualista y otra Igualitaria-Comunitarianista. Y entre estas dos tribus la discusión relevante no es sobre datos, evidencia o consenso científico alguno. La diatriba clave es una guerra moral en la que el contrario es descalificado como interlocutor y acusado de deshonesto, oportunista o infiel. La gente cree en noticias fabricadas o niega ciertas evidencias no por irracional, poco educada o deshonesta. Lo hace porque se siente en una trinchera, sitiada por el enemigo y debe proteger su propia identidad y prestigio, así como robustecer la moral de su grupo.

¿Qué podemos hacer en medio de esta guerra?

La primera respuesta, frente al razonamiento que filtra la información para proteger la propia identidad cultural, ha sido poner el énfasis comunicacional en la difusión de la verdad, de los datos empíricos y en general de la evidencia. El periodismo de investigación, las plataformas de comprobación de hechos (*fact-checking*) y los llamados a la presentación aséptica de datos estadísticos son algunas de las expresiones de esta respuesta. El problema con esta estrategia de respuesta es que, en el escenario de la guerra moral dibujado arriba, esto sería una condición necesaria pero no suficiente para propiciar que las elecciones políticas se alineen con la evidencia y sobre todo con los consensos científicos o expertos. Hemos visto que cuando se trata de proteger nuestra identidad y los valores que nos cohesionan con nuestra tribu, el objetivo no es argumentar con la verdad sino fortalecer nuestra tribu frente al asedio de unos enemigos ante los cuales nos sentimos como moralmente superiores.

Kahan y Braman, en el artículo citado arriba, proponen que la estrategia anterior debe complementarse con el abordaje directo de la discusión valórica, como una manera de develar los verdaderos elementos en juego. De acuerdo a esta óptica, se trataría de clarificar las visiones del mundo que compiten, sus premisas, los valores defendidos por cada facción, y hablar francamente de estos de una manera pertinente y al mismo tiempo tolerante y respetuosa. Esta, por supuesto, no es una tarea fácil, pero es una que abre algunas rendijas para el entendimiento común, para acercarse a propuestas de política que balanceen los valores culturales de cada facción, grupo político o tribu.

Los investigadores de la escuela del entendimiento cultural citan, como ejemplos exitosos de esta segunda estrategia, a casos como las negociaciones entre arqueólogos y tribus indígenas estadounidenses, y los acuerdos logrados en los años ochenta en Francia y Alemania entre defensores y oponentes de los derechos de las mujeres a abortar.

Finalmente, podemos considerar que en un artículo del año 2015, Matthew Feinberg, de la Universidad de Toronto, y Robb Willer, de Stanford University, se propusieron realizar una serie de experimentos para evaluar el poder persuasivo de plantear argumentos controversiales de una manera que se ajustara al sentido de moralidad de una audiencia que inicialmente era antagonista de tales argumentos. A esto lo llamaron "replanteamiento (o re-enmarque) moral" (*moral reframing*).[23]

Por ejemplo, si se tratara de defender el matrimonio homosexual frente a individuos conservadores, Feinberg y Willer evaluaron la eficacia relativa de re-enmarcar el discurso para expresar que "las parejas del mismo sexo son patriotas y ciudadanos orgullosos de nuestra nación, quienes contribuyen no sólo con la economía sino también con la estabilidad de sus propias familias". Después de la realización de seis estudios, Feinberg y Willer encontraron que los mensajes morales que fueron enmarcados de una manera consistente con los valores morales del emisor del mensaje (con los valores de quienes ya apoyaban la correspondiente posición política), resultaron menos persuasivos que los argumentos morales re-enmarcados para reflejar los valores de una audiencia-objetivo que inicialmente se oponía a la posición política defendida por el emisor del argumento. Quizá sea interesante ensayar esta estrategia en nuestras cotidianas diatribas políticas.

7 EL MIEDO COMO MOTOR DE LAS DECISIONES POLÍTICAS

¿Qué tienen en común el auge de Donald Trump, la batalla judicial entre el FBI y Apple y el apoyo chileno a la detención por sospecha? Hoy quiero responder esta pregunta usando una fábula, tres ejemplos y una sinfonía de la ciencia.

Estando frente al juez que decidiría sobre mi detención por sospecha, recordé el día en que mi padre me llevó a conocer el hielo. También recordé cuando el miedo me hizo tropezar con un disparo. Yo tendría unos 21 años cuando mis amigos y yo teníamos la costumbre de celebrar los "martes culturales". Estas eran sesiones de literatura, ron y tos. Aún hoy, cierta memoria corporal me permite volver a sentir los espasmos de los ataques de tos que sufríamos, mientras leíamos fragmentos de Ficciones de Borges, o del Bestiario de Juan José Arreola, o los poemas de algún contertulio, y tomábamos ron Cacique. Quizás era por la risa, quizás era por el atropello con el que discutíamos, pero recuerdo que siempre había tos. Mis amigos y yo, repetíamos esto todos los martes de cada semana, religiosamente, invocando una suerte de peña literaria.

Uno de esos martes caminábamos de regreso hacia el metro, en ese estado ebrio-paranoico que nos producía la mezcla entre el ron, la hora y la ciudad de aquel entonces. Caminar a las once o una de la noche en aquella ciudad, era estar siempre alerta frente a las amenazas: conductores ebrios, matones de doce o treinta años que usaban pistolas para despojarte del dinero, el reloj, o los zapatos, en caso de que no tuvieras alguno de los dos primeros, y finalmente pero no menos peligrosos, los policías de aquel país. Combinábamos ese estado de alerta con la prolongación de la juerga hasta donde fuera posible. Si encontrábamos una botillería abierta, comprábamos seis cervezas; si nos tropezábamos con unos músicos callejeros, nos deteníamos en el alboroto mientras Francisco armaba y encendía unos de aquellos pequeños cigarrillos que fumaba.

Pues resulta que aquella noche todo ocurrió muy rápido. Aún no se disipaba el humo del cigarrillo de Francisco cuando unas sombras salieron de una esquina. Antes de observar bien, una pulsión nos ordenó correr y así lo hicimos. Hubo voces, pero no alcancé a detectar qué decían; no habíamos recorrido veinte metros cuando sonó un disparo. Sentí que un camión se estrellaba contra mi hombro. Luego una caída y una bota en la cadera. Entonces comenzó la pesadilla: trece noches en un hospital, con unas punzadas terribles en el hombro y el brazo, y el otro brazo esposado a la cama. Luego siete días en una pequeña celda y la conversación con un abogado. "Te acusan de no respetar la voz de alto, y de posesión de arma de fuego. Por fortuna, tenemos las declaraciones de Francisco y de una señora que espiaba desde su ventana. Ellos aseguran que ante tanta sangre entre tú y el piso, uno de los policías se puso nervioso y sacó una pistola de una bolsa plástica y la colocó en una de tus manos. El viernes es la audiencia. Yo espero que fallen a tu favor." Salí libre, pero en el balance siempre destaca la mala decisión de haber corrido. Si hubiésemos pensado bien, los policías simplemente nos habrían revisado, habrían chequeado nuestros documentos, y a los pocos minutos hubiésemos alcanzado el metro. No había nada que nos incriminara. Pero el miedo, aunque a veces te salva, siempre te impele a atacar o a huir, y estas dos respuestas pueden hacerte chocar con piedras mayores.

¿Cuál es la relación entre realidad y ficción? Veamos. Nuestro primer caso de estudio es el fenómeno de Donald Trump. Hace unos meses, muchos expertos en análisis político explicaban el fenómeno de las burbujas en las elecciones primarias de los Estados Unidos. "Es una figura de Reality Shows que se desinflará al enfrentarse a políticos profesionales". En marzo de 2016, Trump se perfila como el candidato del Partido Republicano a las elecciones presidenciales de noviembre de este mismo año.

¿En qué consiste la oferta electoral del señor Trump? Deportación de inmigrantes ilegales y bloqueo a su llegada mediante la construcción de un muro en la frontera con México, cuyo costo se pretende imponer al gobierno mexicano; apoyo a la tortura como principal mecanismo para la obtención de confesiones por parte de terroristas o sus allegados; renegociación de los tratados de libre comercio y elevación de aranceles a los productos importados desde China; y chantajes a las empresas estadounidenses que operan en países como China y México para que retornen al "made in USA". En uno de sus más comentados discursos, Trump señalaba: "Cuando México envía a su gente, no nos está enviando a lo mejor, ellos están enviando gente con muchos problemas, y esta gente nos está trayendo sus problemas con ellos. Traen drogas. Traen crimen. Son violadores." Esto es apenas una muestra de su discurso. En varias ocasiones se ha mostrado misógino, atropellador de disidentes e insultante, incluso con sus mismos correligionarios.

¿Dónde está lo sorprendente? En el creciente apoyo a su candidatura en las bases del Partido Republicano: Ha ganado en 15 de las 24 mediciones estadales realizadas hasta ahora, y lidera las encuestas sobre la nominación republicana con una ventaja de 14 puntos sobre su más cercano seguidor (Ted Cruz).

Nuestro segundo caso de estudio es la batalla judicial entre la policía federal estadounidense (FBI) y la empresa Apple. El dos de diciembre de 2015, una pareja de fundamentalistas asesinó a 14 personas en un centro de discapacitados de la ciudad de San Bernardino, en California. En la investigación de este caso, el FBI quiere tener acceso al iPhone de uno de los asesinos. Pero resulta que ha tropezado con el hecho de que los datos de este dispositivo están encriptados, y solo se puede acceder a estos con la clave de acceso de su usuario. Si al intentar acceder al dispositivo se acumulan diez claves erróneas, entonces el sistema borra automáticamente todos los datos contenidos en este.

El FBI ha solicitado a Apple que modifique el software usado en sus teléfonos de manera que la policía pueda acceder al iPhone del terrorista de San Bernardino. El FBI dice que esto sería hecho a través de un sistema que sólo Apple conocería, y que podría destruir después de logrado el acceso a este iPhone.

¿Qué argumenta Apple? Esta empresa recientemente cambió sus políticas para ofrecer una mayor seguridad y privacidad a sus usuarios. Tim Cook, máximo ejecutivo, o CEO, de Apple declaró recientemente que crear lo que se llama una "puerta trasera", una vía para acceder a la información de los usuarios, distinta a la introducción de su contraseña, representaría un riesgo inadmisible para la seguridad y privacidad de éstos, debido a que estas puertas traseras pueden caer en manos de hackers, criminales o espías. "No puedes crear una puerta trasera que sea solo accesible a los buenos; estas pueden ser usadas también por los malos", dijo Cook en una conferencia de prensa. El caso se encuentra actualmente en disputa judicial, y Apple ha prometido acudir a todas las instancias, incluyendo a la Corte Suprema si es necesario, con el fin de defender la credibilidad de su política de seguridad y privacidad. No es casual que Donald Trump haya salido a defender la posición del FBI.

El tercer caso de estudio es, quizás, el más escalofriante de todos. La última encuesta de opinión pública realizada por Cadem, una de las principales empresas de investigación de mercado y opinión pública de Chile, y publicada el siete de marzo de este año, muestra un hecho preocupante y otro aterrador. El primero es que la inseguridad es el principal problema para los chilenos. Un 88% de los entrevistados piensa que la delincuencia hoy es más violenta que hace un año, y un 71% de los entrevistados se siente muy vulnerable ante esta.

Pero lo realmente aterrador es que un 58% de los chilenos está de acuerdo con restituir la figura legal conocida como la "detención por sospecha". Como se deduce, esto implica que las policías tendrían luz verde para detener a una persona por el simple hecho de sospechar de esta. Esta figura fue eliminada en 1998 de la legislación chilena y el principal argumento en su contra es que ella otorga un poder excesivo al Estado, que puede ser (y a menudo es) usado de manera discriminatoria contra jóvenes y adultos según su apariencia física, tipo de vestimenta usada o algún otro rasgo prejuicioso. Los avances institucionales de la humanidad apuntan a privilegiar la detención por flagrancia, la construcción de casos judiciales y a cuidar con celo el debido proceso. La premisa de este enfoque institucional es que los derechos individuales deben ser protegidos debido a la gran asimetría que existe entre el poder coercitivo del Estado y el individuo. Por ello, la justicia debería orientarse a que, en caso de error, sea preferible absolver a un culpable que condenar a un inocente.

¿Existe alguna fuente o detonante que sea común en los tres casos presentados? Mi hipótesis es que en todos estos casos hay un elemento común: la manera como los humanos reaccionamos cuando caemos presa del pánico. La investigación en neurociencia, el estudio de cómo funciona el cerebro, nos muestra cómo nuestras reacciones primarias se han adaptado evolutivamente. En un artículo publicado en la Harvard Business Review, en diciembre de 2015, Diane Musho Hamilton argumenta sobre la importancia de calmar nuestro cerebro durante el conflicto. La amígdala cerebral es un conjunto de núcleos de neuronas localizadas en la región del cerebro que se encuentra detrás de los ojos. Esta forma parte del sistema conocido como límbico, cuya función es el procesamiento y almacenamiento de las funciones emocionales.

Resulta que cuando percibimos una amenaza, la amígdala cerebral emite una alarma en forma de una cascada que irriga nuestro cuerpo con hormonas como la adrenalina y el cortisol, preparándonos inmediatamente para pelear o huir: se incrementan los latidos del corazón, tomamos más oxígeno, los músculos se llenan de sangre y la visión periférica empeora. Se reduce entonces nuestra capacidad para tomar decisiones complejas, para evaluar múltiples perspectivas y nuestra memoria se torna poco confiable, de manera que nos cuesta recordar cosas que nos calman. La luz de emergencia de la amígdala repetidamente indica: peligro, reacciona-protege-ataca. Como señala Hamilton, en la medida en que nuestra atención se estrecha "quedamos atrapados en la perspectiva que nos hace sentir más seguros: yo estoy en lo correcto y tú estás equivocado".

Como ya se imaginarán, en todos los casos presentados pareciera que grupos de personas están reaccionando "secuestrados por la amígdala". Los seguidores de Trump están aterrados con el desempleo, con el crimen, con las dificultades financieras y con las invasiones de refugiados. Pareciera que quienes apoyan la interferencia sin límites del FBI en la vida privada de las personas estuvieran secuestrados por el miedo al terrorismo. Quienes en Chile defienden la restitución de la detención por sospecha son rehenes de un pánico producido por el incremento de los crímenes contra las personas y la correspondiente sensación de vulnerabilidad, que no los deja pensar bien en su elección de políticas de respuesta.

En todos estos casos, un análisis sereno, que contemple y evalúe mejor las alternativas de respuesta, puede abrirnos la puerta hacia una elección diferente. Las amenazas son reales, pero si respondemos como presas de un pánico colectivo, si tomamos decisiones sin el suficiente reposo, si insistimos solo en correr o golpear, entonces se entiende que muchos sean hechizados por un básico populista como Donald Trump, o que estén dispuestos a sacrificar los avances en materia de políticas contra la discriminación y el sesgo clasista de la administración de justicia, o que pongamos en riesgo nuestra privacidad esencial y nuestros valores, todo ello por creer que así nos salvamos de la maldad.

8 LA MADRE DE TODAS LAS DISCUSIONES POLÍTICAS

Es trivial e impreciso afirmar que el mundo del presente es políticamente más convulsionado de lo que fue hace una o tres décadas o un siglo. Lo que realmente varía son nuestras expectativas de progreso, de avance en términos de alguna simplista idea de evolución desde lo menos hacia lo más, desde lo precario hacia lo exuberante, desde lo primitivo hacia lo sofisticado. Hoy, simplemente, parece más probable el retroceso. La frustración de las promesas que nos creímos, la rabia que sucede a la amenaza, el miedo que castra el pensamiento, un poco de todo esto, nos ha regresado a la certeza de que también es posible la involución, el retroceso, la conversión de los sueños en cenizas.

Lo que resulta cierto es que dos de los principales paradigmas de nuestra civilización, la democracia liberal y el capitalismo de mercado, están hoy amenazados. En unos casos, estas amenazas son apenas fuerzas latentes, sugerencias de rabias políticas incubadas, señales tenues de posibles mareas o ríos crecidos, pero en otros casos, cada vez más cercanos, hablamos de resultados políticos concretos, de triunfos electorales de la furia y el lodo que prometen arrasar libertades y conquistas en nombre de verdades reveladas y venganzas milenarias.

Piense en el caso de Venezuela. Cuando Hugo Chávez irrumpió en la presidencia de este país, en diciembre de 1998, a muchos les resultó un giro tan simpáticamente irreverente como inocuo. Luego fueron descubriendo que la rabia contra los dos paradigmas liberales no era un ejemplo pasajero más del realismo mágico latinoamericano, sino más bien una pandemia de complejas raíces virales, largo alcance y devastadoras consecuencias. Así creció también la fuerza política de Viktor Orban en Hungría, Geert Wilders en Holanda, Recep Tayyip Erdoğan en Turquía, Jarosław

Kaczyński en Polonia y Donald Trump en los EEUU.

Mi intención no es, sin embargo, volver al lugar común de estos hijos de perlas. Lo que busco en estas líneas es dibujar el tamaño de la amenaza, fijar una posición personal más allá de toda duda razonable, y atisbar una lectura de las señales que anticipan el barranco y ayudan a anticipar estas catástrofes políticas.

El malestar con la democracia liberal

En la edición de enero de 2017 del Journal of Democracy, Roberto Stefan Foa, de la Universidad de Melbourne y Yascha Mounk, de la Escuela de Gobierno de Harvard, publicaron un interesante artículo cuyo tema central podríamos aproximar como "Las señales del retroceso democrático". Foa y Mounk comienzan mostrando el crecimiento de la insatisfacción ciudadana con las instituciones políticas de la democracia liberal en una muestra de seis países: Australia, Gran Bretaña, Holanda, Nueva Zelanda, Suecia y los EEUU. En todos estos casos, uno de los elementos más preocupantes es la reducción en la proporción de quienes consideran como esencial vivir en una democracia, cuando se comparan entre sí a las seis cohortes nacidas entre 1930 y 1980. Veamos, por ejemplo, el caso de Australia: mientras alrededor del 70% de los nacidos en la década de 1930 consideran esencial vivir en una democracia, esta proporción cae a 40% entre los nacidos en la década de 1980 (*millennials*). Este patrón de descenso generacional se repite en los seis países mencionados.

En otra referencia similarmente escalofriante, se observa que en una muestra de 22 países de los cinco continentes ha habido un incremento relevante de los ciudadanos que opinan que "un líder fuerte que no tenga que preocuparse con parlamentos y elecciones sería una buena alternativa para dirigir su país". Esta variación, aterradora para quienes nos consideramos liberales, se obtiene al comparar los resultados de la encuesta realizada en 1995-97 con los obtenidos de la misma encuesta realizada entre los años 2010 y 2014.

El resto de la argumentación de Foa y Mounk se centra en el análisis de los casos de Polonia y Venezuela, como evidencia de (1) que existen señales previas que anticipan estos procesos de "deconstrucción" de la democracia, las cuales suelen ser ignoradas o no percibidas por los políticos tradicionales, y (2) que el ascenso de populistas al poder suele implicar un desmontaje muy costoso (y quizás irreversible) de las salvaguardas institucionales de la democracia liberal, tales como la independencia del poder judicial, la existencia de medios de comunicación libres y la protección de los derechos políticos de las minorías.

El mensaje es claro y la evidencia mostrada por casos como el venezolano es incontrovertible: La democracia está en peligro. Los populistas pueden llegar al poder gracias a los mecanismos de la democracia liberal, pero al destruir estos mecanismos podemos quedarnos sin los medios para removerlos. Mientras estemos a tiempo, es preciso defender a la democracia liberal de los intolerantes, lo cual pasa por comprender las fuentes de la desafección ciudadana y tomar medidas de respuesta.

El malestar con el capitalismo y los callejones sin salida

Las críticas al capitalismo son tan antiguas como religiosamente arraigadas en ciertos segmentos de la sociedad civil global. El gran problema es que cuando las críticas al capitalismo mezclan la religiosidad marxista con la ceguera del resentimiento, y esto se traduce en un proyecto de cambio político exitoso (sea por la vía electoral o por la vía de la violencia revolucionaria), las medicinas terminan siendo peores que la enfermedad. Todos los experimentos revolucionarios han desembocado en las versiones más perversas del capitalismo: el capitalismo de mafias, familias y militares, cuyos negociados son protegidos por todo el poder coercitivo de Estados autoritarios.

Quienes hemos vivido de cerca estos procesos revolucionarios, llámense Corea del Norte, China, Cuba o Venezuela, sabemos que tras el asalto idealista siempre viene un resurgimiento de un tipo de acumulación de capital basada en la escasez y en los mercados negros, pero que esta vez es abiertamente monopolizada por amigos y familiares, por militares y cuadros del partido, por mafias, policías y guardaespaldas, mientras esta acumulación de capital es protegida u ocultada por el fervor de los creyentes y los vengadores milenarios.

Uno de los riesgos más alimentados por los desastres revolucionarios es el retorno a una defensa acrítica, y también mitológica, del capitalismo realmente existente. En primer lugar hay que decir, de manera clara e inteligible, que la mejor respuesta conocida a una sociedad dominada por mafiosos, policías y creyentes es una mezcla entre capitalismo de mercado e instituciones democráticas. Pero también es preciso reconocer que la discusión sobre la factibilidad de esa mezcla está a menudo arrinconada por la diatriba entre revolucionarios y conservadores, esa que plantea las cosas en los términos simplistas del "todo o nada". Sin una discusión seria e informada sobre los problemas y las raíces del malestar, estaremos condenados a movimientos pendulares, a la acumulación de resentimientos que cada tanto explotan y traen a un Trump o a un Chávez, a un vendedor de ideas simplistas de supremacías y enemigos externos, a un agitador o a un obispo que cava una trinchera y nos expulsa.

Es mejor Macri que los Kirchner, pero sin una discusión seria y sin respuestas institucionales apropiadas, pronto regresará Perón.

Los problemas del capitalismo y las respuestas institucionales

En un papel de trabajo (*working paper*) publicado en julio de 2017, simultáneamente por la Escuela de Negocios de la Universidad de Chicago y por la Oficina Nacional de Investigación Económica (NBER, por sus siglas en inglés), y titulado "Hacia una teoría política de la firma", Luigi Zingales aborda la discusión sobre los problemas del capitalismo y sugiere un conjunto de respuestas institucionales.

Zingales parte de un dato estilizado: si agregamos países y empresas según el valor de su producción total para el año 2015, diez empresas aparecen dentro de las 30 entidades más grandes del mundo. Walmart (N° 9), State Grid Corporation of China (N° 15), China National Petroleum (N° 15), Sinopec Group (N° 16), Royal Dutch Shell (N° 18), Exxon Mobil (N° 21), Volkswagen (N° 22), Toyota (N° 23), Apple (N° 25), y BP (N° 27). "En algunos casos, estas grandes corporaciones tenían fuerzas de seguridad privadas que rivalizaban con los mejores servicios secretos, oficinas de relaciones públicas que harían ver pequeñas al centro de dirección de una campaña presidencial de los EEUU, más abogados que el Departamento de Justicia estadounidense y suficiente dinero para capturar (mediante donaciones electorales, lobby y sobornos explícitos) a una mayoría de los representantes electos."[24]

El argumento central del trabajo de Luigi Zingales es que la interacción entre el poder concentrado de las grandes corporaciones (o grupos económicos) y la política representa una amenaza para el funcionamiento de una economía de libre mercado, y para la prosperidad económica que este tipo de economía puede generar, y al final del día, una amenaza también para la democracia.

El problema con el capitalismo actual es que el poder de las grandes empresas es tal, que les otorga una posición privilegiada para diseñar las reglas del juego (unas que les favorezcan) y para transformarse en fuerzas políticas determinantes. Zingales llama a esto "el Círculo vicioso de los Médicis": El dinero es usado para ganar poder político y el poder político es entonces usado para ganar más dinero".

Para Zingales, la respuesta más eficaz frente al Círculo vicioso de los Médicis es la orquestación de una serie de amarres institucionales, del tipo creado por los países escandinavos. A grandes rasgos, estos países muestran un balance entre un Estado con una fuerte capacidad administrativa basada en el principio de la "imparcialidad", por una parte, y un sector privado económicamente competitivo. En particular, las herramientas políticas o institucionales que definen a esos "amarres institucionales" son las siguientes:

- Una normativa que incremente la transparencia de las actividades corporativas (e.g., leyes de transparencia del lobby; obligaciones de

comités de auditoría independientes, cuyos miembros sean responsables de conocer y atender las desviaciones éticas);
- Mejores reglas que limiten las llamadas "puertas giratorias" entre los funcionarios del Estado (agencias regulatorias, principalmente) y el empleo en la empresa privada, con énfasis en atender el riesgo de captura de científicos y economistas por parte de los intereses corporativos;
- Un uso más agresivo de las autoridades antimonopolio y procompetencia;
- Prerrogativas que protejan la independencia de los medios de comunicación y de los periodistas, frente a los intereses políticos, gubernamentales y corporativos;
- Una mezcla entre limitaciones al financiamiento privado de las campañas electorales y un grado de financiamiento público de estas; y
- El uso de mecanismos que protejan la independencia de la Fiscalía y del Poder Judicial

Conclusiones

El auge del populismo, tanto de izquierda como de derecha, y las victorias electorales de sus representantes representa una de las más preocupantes amenazas a la democracia liberal. Los populistas son elegidos gracias a la frustración de los ciudadanos frente a la labor de los políticos tradicionales y frente a las expectativas de incrementos sostenidos del nivel de vida y de las oportunidades económicas y sociales. Este desencantamiento ha llevado a muchos electores a depositar su confianza en actores políticos advenedizos, a los cuales se les suele entregar poderes especiales, con la esperanza de que lleven adelante políticas que beneficien a las mayorías sin las limitaciones que imponen los intereses de las élites tradicionalmente favorecidas.

La experiencia reciente nos enseña que estas apuestas de los electores decepcionados resultan sumamente costosas, debido a que una vez que se eliminan o cercenan los balances y equilibrios institucionales (e.g., se otorgan poderes amplios a los presidentes, se reduce la autonomía del poder judicial y de los medios de comunicación), entonces se reducen peligrosamente las posibilidades de desplazar democráticamente a gobernantes impopulares. Estas entronizaciones políticas que generan las "cartas blancas" a los populistas también incentivan la formación de mafias, de poderes no sujetos a la competencia política abierta, los cuales se especializan en proteger sus beneficios, sobre la base de la profundización de mercados negros y situaciones de escasez.

Sin embargo, una inmunización política frente a estos riesgos, que sea democráticamente sostenible, implica una revisión abierta de los problemas que la relación entre negocios y política implica para el sostenimiento del capitalismo de mercado. La ignorancia o el desprecio de la discusión señalada por Zingales y otros, tanto por razones políticas cortoplacistas como por velos ideológicos, no hace sino postergar el avance del populismo y destruir la legitimidad del capitalismo de mercado. Esto nos deja frente a dos versiones semejantes de un mismo fenómeno: el capitalismo de Estado, basado en la monopolización de las oportunidades bajo un manto de escasez y mercados negros, o el capitalismo de "amigos y familiares", basado en una simulación de competencia y en la cooptación de la política por parte de las empresas.

CAPÍTULO I. ENSAYOS

SECCIÓN B. VENEZUELA: UN DRAMA
            CONTEMPORÁNEO DEL
            POPULISMO

9 VENEZUELA: ¿CÓMO DESTRUIR UNA DEMOCRACIA, DEMOCRÁTICAMENTE?

La historia criminal de un país es la medida de sus instituciones. Veamos cuánto puede decirnos un crimen, no cualquier crimen, sino uno muy particular que ocurrió en Caracas, un día de julio de 1978.

Aquel día rugieron los neumáticos justo donde la avenida se le venía encima a la víctima. Éste alzó la vista y vio el auto que le cerraba el paso, mientras escuchaba las voces de las bestias calibradas por el brillo de las armas. Quizá su último pensamiento sereno fue la repetición de un mantra: "Nunca aceptes entrar en el auto de los secuestradores; resístete, lucha, desenfunda unas uñas afiladas, dibuja las patadas automáticas, contorsiona tu cuerpo, no te dejes asir." Y así lo hizo.

Fracciones de segundo y un disparo tras otro en una ráfaga. El tiempo se detuvo para él un 27 de julio de 1978. Fue uno de los crímenes más sonados de la Gran Venezuela, el mítico relato del país petrolero de gloria y abundancia de los años setenta, de oportunidades doradas y de la democracia ejemplar de la América hispana. Un crimen que revelaba la verdad detrás de la foto, la miseria detrás del oropel, la alquimia que transformó en barro a una fortuna que nunca había sido.

El asesinato de Ramón Carmona Vásquez, abogado penalista, en una avenida de Caracas, fue un destello de sangre que alumbró la inmundicia. Por el asesinato de Carmona fueron juzgados, en los años ochenta, varios miembros de un escuadrón de élite de la policía de investigaciones judiciales de Venezuela. Pero lo que resultó más revelador, en los alrededores de este caso, fueron los pormenores sobre las oscuras relaciones entre negocios y política.

Un prominente cliente de Carmona había estado muy cerca de una importante operación inmobiliaria, en la que se había transferido una fortuna desde el Estado venezolano hacia inversionistas privados. El Estado venezolano era propietario de un terreno ubicado en Playa Moreno (Isla de Margarita), cuyo valor inmobiliario fue anticipado por un conjunto de inversionistas privados. Entonces, y gracias a la mediación de funcionarios públicos clave[25], el Estado vendió un total de 1,2 millones de metros cuadrados de terreno a unos intermediarios, a un precio aproximado de tres centavos de dólar por metro cuadrado (m2). Inmediatamente, estos intermediarios vendieron el terreno a los desarrolladores inmobiliarios a un precio de 7,2 dólares por m2 (240 veces el precio recibido por el Estado venezolano). Esta operación implicó que los intermediarios invirtieron alrededor de 36.000 dólares, caminaron a la habitación de al lado y vendieron la propiedad en 8.640.000 dólares (el valor de mercado del terreno).

El negocio oculto, sin embargo, era el de los funcionarios gubernamentales que aprobaron esta transferencia de riqueza probablemente a cambio de una comisión, correspondiente a una fracción de la ganancia súbita e inmediata que creaba su poder para transferir riqueza desde el Estado hacia los privados. La ausencia de reglas e instituciones que gobiernen con transparencia la relación entre el Estado y los privados, entre política y negocios, ha sido la principal fuente de una distribución arbitraria, en las sombras, de las oportunidades económicas de una sociedad.

Cuando el país tenía mucho dinero, como consecuencia de altos precios del petróleo, los efectos redistributivos de estas instituciones pasaban desapercibidos. Subsidios generalizados, y un tipo de cambio sobrevaluado que abarataba artificialmente las importaciones, servían como distractores de las operaciones de distribución arbitraria de la riqueza que estaban realizándose. Pero cuando los precios del petróleo caen, y los secretos han sido revelados por una prensa relativamente libre, entonces las mayorías no privilegiadas se sienten estafadas por el sistema político y económico.

Estas instituciones mafiosas fueron las que "parieron" al populismo chavista, que se erigió en el canal para vengar a los marginados, a los desheredados, a los que sistemáticamente habían quedado fuera de las habitaciones donde se transaban los millones, los favores y las grandes oportunidades.

En medio de aquella debacle, aunque no lo sabíamos y no lo valorábamos, había dos cosas que traían cierta disciplina al sistema: elecciones periódicas inamovibles y una prensa relativamente libre. Las elecciones, regulares y competitivas, amenazaban con la sustitución democrática de los diseñadores de las instituciones mafiosas. Una prensa relativamente libre garantizaba que, tarde o temprano, los secretos de los negociados turbios saldrían a la luz pública.

La suma de estos dos factores fue lo que permitió que los venezolanos eligieran a Hugo Chávez, "el salvador", en diciembre de 1998. Era tal el resentimiento, era tal la sensación de haber sido timados una y otra vez, con desvergüenza y petulancia, que un importante sector de las élites económicas e intelectuales y una contundente mayoría de los perdedores habituales decidieron entregar todos los poderes al Mesías.

El hastío con la "oligarquía" de las instituciones mafiosas que se habían creado en democracia, sumado a una concepción política dogmática, hegemónica y voluntarista, sentaron las bases para destruir, democráticamente, a la democracia venezolana. Pero la historia no terminó allí. Resulta que el nuevo régimen, el gobierno de "los salvadores", el proyecto que pretendía reivindicar a los olvidados de la tierra, cambió ciertas instituciones políticas (lo que le permitiría mantener un dominio hegemónico del poder), pero mantuvo las mismas instituciones mafiosas del régimen anterior (las que permitirían distribuir arbitrariamente la riqueza desde el Estado hacia una minoría de "conectados").

El problema hoy es que siguen existiendo las mismas instituciones mafiosas que concentran privilegios y oportunidades, que crean riquezas súbitas y fortunas divorciadas del esfuerzo y la innovación, pero ahora no hay ni elecciones periódicas, regulares e inamovibles, ni una prensa relativamente libre que arroje luz sobre los desaguisados.

Por citar apenas el caso más reciente, dentro de una larga lista, el mundo ha conocido esta semana sobre la presunta relación entre el Vicepresidente de Venezuela, Tarek El Aissami, y Samark López, un empresario venezolano poseedor de una inmensa y novedosa fortuna. López, según indica el portal de Univisión, sería propietario de al menos 3 aeronaves, 13 empresas y cuentas bancarias con varios millones de dólares, en los EEUU. Su fortuna provendría de su condición de proveedor privilegiado en las operaciones industriales del Estado Venezolano. [26]

Venezuela hoy es entonces un caso de estudio, tan interesante como desgarrador, de cómo se puede destruir una democracia, democráticamente. Sin equilibrio de poderes, sin instituciones fiscalizadoras con relativa autonomía, y sin elecciones competitivas y regulares, no se visualizan maneras de sacar del poder a la nueva oligarquía.

Lo que sí sabemos, aunque solo sirva como prevención en el resto del mundo democrático, es que las élites que jugaron a la antipolítica, los jugadores políticos que no supieron limitar las instituciones mafiosas a tiempo, los opositores que cedieron voluntariamente espacios democráticos (absteniéndose de participar en elecciones clave), los que no hicimos más de lo que creímos posible y los electores que entregaron todos los poderes y supermayorías al chavismo, todos ellos, o todos nosotros, somos responsables de la debacle y la miseria y la tristeza que simboliza la Venezuela del año 2017.

10 EL SUEÑO DE HUGO CHÁVEZ PRODUCE MONSTRUOS

El viernes 18 de noviembre de 2016 se conoció el veredicto del jurado en el juicio por narcotráfico contra los venezolanos Efraín Campos y Franqui Flores. Ambos fueron hallados culpables de planificar el envío de 800 kg de cocaína hacia los EEUU. El detalle explosivo es que Campos y Flores son sobrinos de Cilia Flores, diputada a la Asamblea Nacional de Venezuela y esposa del presidente de ese país, Nicolás Maduro.

Según los datos aportados por la fiscalía norteamericana, Campos y Flores esperarían recibir un total de 20 millones de dólares por la colocación del cargamento de cocaína en aquel país y la droga provendría de las FARC. Además, en las declaraciones de testigos y grabaciones de conversaciones telefónicas de la fiscalía, habría evidencias que soportan las sospechas de que en esta controversial industria de exportación participan funcionarios de diversos rangos del gobierno venezolano.

A primera vista, resulta irónico que una de las pocas industrias florecientes de la Venezuela chavista sea precisamente el narcotráfico. Pero la imagen de la ironía pronto se difumina y emerge una explicación estructural muy simple: esto es una consecuencia directa e inevitable del modelo político e institucional sembrado por Hugo Chávez y sus seguidores.

El sueño de Hugo Chávez produce monstruos porque su modelo se basa en el desprecio de las instituciones que alinean incentivos de manera virtuosa, y en la alimentación de instituciones que parten de un voluntarismo bienintencionado y terminan en mafias, en condiciones para que florezcan los arreglos en la oscuridad y en un terreno fértil para la corrupción y el surgimiento de fortunas súbitas y desmesuradas. Esta es quizá la mayor estafa ideológica implícita en el modelo liderado por Hugo

Chávez Frías. Veamos en qué consiste la diferencia entre instituciones virtuosas e instituciones mafiosas.

El experimento de Atalquis

Atalquis Jota era una maestra del séptimo grado de educación básica. Trabajaba en una moderna escuela, cuyo énfasis era el desarrollo de habilidades tecnológicas y emocionales en un universo de mil doscientos niños, de diversas nacionalidades. Una escuela de vanguardia con una metodología basada en frecuentes experimentos. El más reciente de aquellos fue un experimento sobre resultados distributivos en un grupo de niños entre los diez y los doce años. Los resultados son reveladores y bien pudieran ser utilizados para explicar la historia institucional de Venezuela, desde los inicios del siglo veinte hasta los aciagos días de 2017 en que el sueño revolucionario de Hugo Chávez parece agonizar.

El experimento de Atalquis operaba de la siguiente manera:

- Mediante un procedimiento de elección aleatoria, se seleccionaron 54 niños, los cuales fueron divididos en 27 parejas.
- Cada viernes al mediodía se le entregaba a cada pareja una pizza que contenía los ingredientes preferidos por el universo de niños.
- El tamaño de las pizzas había sido definido de manera que no saciara por completo el hambre de los niños, como una manera de estimular la pugna distributiva entre éstos.
- En una primera etapa, se entregaba la pizza a uno de los niños, y éste debía decidir cómo se dividiría la pizza entre ambos. Bajo esta regla transcurrieron nueve semanas.
- En la décima semana, a 20 de las 27 parejas se les cambió la regla: ahora la división sería realizada por otro niño, que formaba parte de un equipo de otros niños especializados en dirigir las reparticiones (piense en un oficial gubernamental que entrega permisos de importación, o decide a quién le entrega dólares preferenciales).
- En la vigésima semana, a 13 de las 20 parejas cuya regla distributiva había cambiado antes se les cambió de nuevo la regla distributiva: ahora, cada semana un niño actuaría como el divisor (dividiría la pizza en dos) y el otro sería el escogedor (escogería primero su parte). Los roles se intercambiaban durante las siguientes diez semanas, pero debía cumplirse siempre que uno picara y el otro escogiese de primero.

Los resultados fueron discutidos en la semana 30:

En los grupos que siempre operaron bajo la primera regla, en que uno de los niños dividía la pizza y entregaba al otro su parte, el patrón de conducta más recurrente fue que uno de los niños desarrolló sus propios mecanismos para lograr ser el divisor frecuente (imponiendo la fuerza, o "seduciendo" a los administradores externos del experimento). En la abrumadora mayoría de estos casos, la división era bastante inequitativa (70% – 30%, en promedio) y había una alta tasa de malestar entre los perdedores habituales.

En los casos en que había un repartidor externo especializado, el patrón más interesante de comentar es que los repartidores comenzaron a usar su poder para obtener algo de pizza. En particular, le ofrecían a uno de los miembros de la pareja que le darían una mayor porción que al otro, pero que el favorecido debía compartir "algo" de la pizza con el repartidor. Una de las cosas que llamó la atención cuando se analizaron los resultados fue que los repartidores terminaron asociándose informalmente con los miembros de las parejas que eran sistemáticamente favorecidos. En este caso también se observó una alta tasa de malestar entre los perdedores habituales.

Finalmente, entre los grupos sujetos a la regla de que "uno divide y el otro escoge primero" las cosas fluyeron de manera armoniosa y satisfactoria, con cero evidencia de reclamos o malestar y reparticiones bastante equitativas.

Los incentivos y la estafa chavista

El experimento de Atalquis Jota nos muestra la diferencia entre instituciones virtuosas e instituciones mafiosas. La historia de la humanidad bien puede ser vista como la historia del descubrimiento del virtuosismo institucional. Unas sencillas reglas, aplicables de manera transparente, y apoyadas por un creíble sistema de justicia, constituyen un esquema que es práctica y moralmente superior al voluntarismo populista sembrado por Hugo Chávez en Venezuela, en las primeras décadas del siglo XXI.

El modelo chavista comenzó minando la separación de poderes, eliminó el Senado y creó un Congreso unicameral, luego cooptó al Sistema Judicial dominándolo a su antojo, eliminó las licitaciones públicas y los mecanismos que proveían transparencia, expropió empresas y reguló los precios más importantes de la economía venezolana.

El caso de los sobrinos de Cilia Flores y Nicolás Maduro no es accidental. Tampoco son accidentales los múltiples casos de monopolización de oportunidades de negocio ni las groseras apropiaciones del erario público. Un modelo que niega y desconoce los incentivos económicos presentes en las sociedades modernas, es un modelo que al final sólo sirve a las mafias, a los apóstoles de la relación entre política y negocios, a los que gozan de privilegios y juegan exentos del control institucional. Y al favorecerlos contribuye a la concentración de la riqueza con base en lazos familiares, amistades y posiciones de poder político, justo lo opuesto de las prédicas humanistas y justicieras de sus propulsores.

54

11 VENEZUELA EN CRISIS: ¿POR QUÉ EL CHAVISMO PUDO CONCENTRAR TANTO PODER?

Cuando escribo estas líneas, en el mes de abril de 2017, la crisis política venezolana es noticia en diarios y portales de muchos países. Después de movidas recientes del gobierno venezolano, radicalmente autoritarias, tanto la oposición venezolana como diversos países protestan tratando de frenar el avance dictatorial y llamando a elecciones generales como la vía óptima para dirimir el agudo conflicto político que vive el país.

Una de las principales piedras de tranca, en este camino de retorno a la democracia, es el grado de hegemonía que tiene la coalición gobernante en los poderes públicos de Venezuela. Esta coalición, conocida como "el chavismo" debido al rol del extinto presidente Hugo Chávez en su configuración, ha conseguido dominar el poder ejecutivo, el poder judicial, el poder electoral, la Contraloría General de la República, la Fiscalía y la institución conocida como la Defensoría del Pueblo. En todas estas arenas institucionales el chavismo domina con absoluta discrecionalidad, actuando como un solo bloque bajo las órdenes del presidente y su núcleo ejecutivo. Los pocos poderes en los cuales la oposición tiene presencia relevante, la Asamblea Nacional y algunas gobernaciones y alcaldías, han estado sitiados presupuestariamente y sus decisiones han sido sistemáticamente bloqueadas o evadidas por sentencias del Tribunal Supremo de Justicia.

Venezuela es, así, un caso extremo de ejercicio hegemónico del poder en el continente americano. Un ejemplo, quizás extemporáneo en la región, de un poder que actúa sin contrapesos institucionales y está articulado para esterilizar los avances electorales de la oposición al gobierno chavista.

La pregunta que surge a continuación es sobre cómo ha sido posible que el gobierno venezolano haya podido configurar unas instituciones que sustenten, bajo una apariencia de legalidad, esta ausencia de contrapesos institucionales y concentración absolutista del poder político.

Esta es una pregunta crucial, no solo para quienes desde la tribuna ciudadana sufrimos, con más o menos cercanía, por la ausencia de mecanismos que corrijan (o ayuden a corregir) el dramático rumbo económico y social del país, sino sobre todo para los actores políticos y las élites intelectuales que, como jugadores directos del juego, no fueron capaces de detener esta deriva autoritaria cuando estaban a tiempo de hacerlo. Y responder esta pregunta de manera exhaustiva no es solo importante por comprender el pasado, sino por entender, mirando hacia el futuro, cómo es posible anticipar y prevenir el surgimiento de dinámicas políticas que cercenan los mecanismos esenciales de la democracia.

Esta discusión es de importancia capital cuando suponemos que los procesos de anulación de la democracia, de conculcación de las posibilidades de revisión mayoritaria del rumbo y de ausencia de respeto por las minorías, no son accidentales ni inevitables ni parte de un destino escrito desde antes. Estos procesos, más bien, son causados por la acumulación de determinadas conductas, de jugadas políticas deliberadas, y por la repetición histórica de ciertos resultados, en los cuales algunos sectores se sienten como los perdedores habituales, como atrapados por un sistema injusto o como víctimas de trampas de segregación continuada. Esta autocrítica es clave para que evitemos las repeticiones de la historia, para prevenir a nuestros hijos o nietos de los riesgos que conducen a ciertas arenas movedizas, como estos pantanos autoritarios en los que ha estado atrapada Venezuela en los últimos años.

Antipolítica y cesión voluntaria de espacios institucionales

Un primer conjunto de coadyuvantes del proceso autoritario fueron las maniobras que podemos etiquetar como "antipolíticas", llevadas adelante tanto por factores clave de las élites económicas e intelectuales, como por jugadores políticos concretos.

La antipolítica se inició en Venezuela durante las décadas de 1980 y 1990. En aquellos años, comenzó a consolidarse un discurso que denigraba de los políticos en general y de la política partidista, que invocaba el surgimiento de liderazgos "no-políticos", cuyo modelo más repetido era la idea de un "gerente", de un personaje que pudiera "resolver" los problemas socioeconómicos de la manera como los gerentes ejecutan los planes estratégicos y tácticos de las empresas.

Esta narrativa fue inicialmente elaborada por un grupo de intelectuales que se autodenominaron como "los notables", y que estaban movidos por la idea platónica de que los intelectuales poseen una comprensión especial de los problemas y sus posibles soluciones, y que esta sabiduría no estaba al alcance de los políticos representativos de los partidos más exitosos electoralmente. Estos "notables" se dedicaron a denigrar, sistemáticamente, de las características personales de los políticos y de las transacciones o negociaciones típicas de este ámbito. La idea de que hubiese que negociar entre distintos intereses, que hubiese que juntar votos para aprobar legislaciones, todo esto, resultaba indeseable para estos grupos. Así, el foco era puesto en las características personales de los políticos y en el funcionamiento de las estructuras partidarias, más que en las instituciones políticas y sus vasos comunicantes con las instituciones económicas, como factores explicativos, estas últimas, de los trágicos resultados económicos y sociales que se observaban en la Venezuela de las décadas de 1980 y 1990.

Fueron estos grupos de intelectuales, alrededor de los cuales se reunía un conjunto de personas con distintas visiones ideológicas, pero que compartían un desprecio hacia los políticos tradicionales, quienes auparon, directa o indirectamente, el surgimiento de la oferta populista encarnada por Hugo Chávez, y jugaron un rol clave en su primer triunfo electoral. De hecho, aquel resentimiento antipolítico de "primera generación" fue clave en la manera como Chávez llevó a cabo su primer diseño institucional orientado a conseguir la hegemonía política, mediante la nueva carta magna redactada por la Asamblea Constituyente de 1999.

Cuando se inicia el primer gobierno de Chávez, esta visión antipolítica estaba tan instalada en la sociedad venezolana que las primeras búsquedas de liderazgos opositores al nuevo gobierno se orientan a reclutar gerentes y empresarios, bajo la premisa de que su conocimiento de las técnicas y habilidades gerenciales sería clave para organizar una oposición política efectiva.

Es bajo esta impronta que se conciben las jugadas del golpe de Estado de abril del 2002, el paro petrolero de diciembre de ese mismo año y la estrategia abstencionista posterior al referéndum revocatorio del 2004. En todos estos casos, sectores con una formación gerencial, más que política, imprimieron un sesgo voluntarista a las decisiones estratégicas sobre cómo enfrentar al proyecto político liderado por Hugo Chávez.

Fue entonces aquella conjunción de un "grupo de gerentes jugando a la política", con los intereses oportunistas de algunos dirigentes políticos que habían perdido capacidad para la interlocución social, veían a sus partidos venidos a menos y no querían mostrar su poca votación individual, lo que desembocó en los llamados a la abstención y no participación en las elecciones parlamentarias de 2005. Esta jugada permitió al chavismo hacerse con el dominio absoluto del parlamento y, por esa vía, terminar de constituir tanto las reglas como la composición de las instituciones políticas que serían clave para su dominio hegemónico del poder.

Aquella retirada de la arena parlamentaria desconoció la idea de que cada voto en un parlamento es valioso y, en ciertas ocasiones, las minorías parlamentarias son decisivas para formar supermayorías; esto sumado a la subestimación táctica de las ventajas de tener voz frente a los interlocutores del adversario, y que esa voz pudiera quedar registrada en las minutas parlamentarias. El abandono de las posiciones en la Asamblea Nacional le otorgó así al chavismo una gran comodidad para crear reglas a la medida, y completar el tejido de una densa red de hegemonía institucional con una base de legalidad no disputada parlamentariamente.

Fue así como una serie de jugadas llevadas a cabo por la oposición, influenciadas por lo que hemos llamado antipolítica, operó como uno de los factores clave para que el chavismo pudiese anular los elementos de control y contrapesos institucionales, y alinear a todos los poderes del Estado bajo la dirección del Ejecutivo. Pero esto no es todo lo que explica la deriva autoritaria de Venezuela. También hay hipótesis que podríamos llamar "de demanda", esto es, explicaciones basadas en cómo ciertas mayorías circunstanciales de los electores venezolanos "compraron" esta concentración de poder. En otras palabras, habría también que entender por qué los electores venezolanos se inclinaron, en diversas oportunidades, por un proyecto político que proponía desmantelar los mecanismos que limitan las acciones del poder ejecutivo. Porque la explicación no estaría completa si adjudicamos esta deriva autoritaria sólo a ciertos errores estratégicos de quienes dominaron en la oposición.

¿Por qué los electores venezolanos se inclinaron por desmantelar los mecanismos de chequeos y contrapesos que limitaban al ejecutivo?

Entre las posibles respuestas a esta pregunta, quiero concentrarme acá en una interesante hipótesis que fue formulada por los profesores Daron Acemoglu (MIT), James A. Robinson (Harvard) y Ragnar Torvik (Norwegian University of Science and Technology), en un trabajo del año 2013 titulado "¿Por qué los votantes desmantelan los chequeos y contrapesos?". [27]

Estos autores estudiaron los casos de Hugo Chávez en Venezuela, Evo Morales en Bolivia y Rafael Correa en Ecuador. En todos estos, encuentran elementos comunes de mayorías electorales aprobando reformas a las constituciones que remueven, "de manera entusiasta", los mecanismos institucionales previamente diseñados para limitar la capacidad de los presidentes de perseguir sus propias agendas, capturar rentas o maximizar sus propias funciones de "utilidad ideológica". Así ocurrió con la nueva constitución venezolana del año 1999, la cual entre otras cosas eliminó el senado, diseñando un congreso unicameral con el objetivo de limitar la capacidad de los parlamentarios de controlar al presidente, y entregó al presidente poderes en materia económica y financiera que previamente estaban en manos del parlamento. Esta nueva constitución fue aprobada en un plebiscito en diciembre de 1999, con el 72% de los votos. Casos similares son documentados para Ecuador y Bolivia.

La idea central de la hipótesis de Acemoglu, Robinson y Torvik (2013) es sencilla y potente: En un país en el cual hay una mayoría de pobres, una pequeña élite de ricos y unas instituciones políticas débiles, los equilibrios de poderes pueden facilitar que esta élite trate de influir en la aprobación de políticas que la favorezcan, usando medios como el lobby, el financiamiento de las campañas de parlamentarios y los sobornos. En este caso, la eliminación de los equilibrios de poderes podría ser vista por los electores como un medio para que un presidente, que convenza a la mayoría de pobres que él es una suerte de guardián de sus intereses, pueda aprobar políticas que favorezcan a esa mayoría de pobres, sin los obstáculos y bloqueos implicados por la separación de poderes. En otras palabras, la votación por la eliminación de la separación de poderes tendría como objetivo "eliminar las cadenas" con las cuales las élites amarran a los presidentes para que éstos las favorezcan.

¿Acaso algo de esto hubo en cómo Hugo Chávez logró convencer a las mayorías pobres de Venezuela de que él quería generar políticas que los favorecieran, pero las élites, "la oligarquía", se valía de todas las maneras posibles para amarrarlo y evitar así que él favoreciera a los más pobres?

Uno puede argumentar que las políticas llevadas adelante por Hugo Chávez fueron, a la larga, negativas para las mayorías pobres. Estas políticas destruyeron el aparato productivo y generaron escasez e inflación (y esto explica el clima de insatisfacción existente en la actualidad). Pero la pregunta clave acá es cómo fue el desempeño de los políticos en las décadas previas a Chávez (piense en los 1970s, 1980s y 1990s) y cómo aquellas políticas generaron tales insatisfacciones y resentimientos que las mayorías vieron en el programa de Chávez "una posibilidad de salvación". Incluso, yendo un poco más allá, ¿acaso muchos de estos pobres pensaron (o piensan) que aunque Chávez se equivocara, "lo hizo intentando favorecerlos y devolverles lo que las élites les habían robado"?

Reflexionar sobre estas preguntas no es trivial. Cuando existe la posibilidad (por más o menos inmediata que esta sea) de que ocurriera una transición y la etapa chavista sea superada, ¿acaso el diseño de una nueva institucionalidad debería tomar en cuenta las causas profundas de que las mayorías venezolanas le entregaran todos los poderes a Hugo Chávez para que los salvara? ¿Cómo debería regularse la influencia de los empresarios en la política? ¿Cómo evitar que los partidos políticos se conviertan en vehículos de los intereses de las élites? ¿Cómo hacer que los chequeos y contrapesos, que los equilibrios de poderes, limiten la arbitrariedad de los presidentes sin convertirse en las "alcabalas de las élites" para lograr políticas que solo las favorezcan a ellas?

Todas estas preguntas son relevantes a la hora de diseñar unas instituciones políticas y económicas que permitan superar la aniquilación de todos estos años, pero sin regresar a aquello que fue percibido como injusto, como "comprado por la oligarquía", al extremo que hizo que los electores se entregaran ciegamente a un mesías, con la promesa de que ese mesías haría pagar a aquella oligarquía por los daños infligidos.

Ojalá que la entendible desesperación por superar las inmensas calamidades que hoy vive Venezuela no impida la reflexión política sobre estos temas. Ojalá que el deseo de relanzar económicamente a Venezuela no cause que las respuestas, en un eventual o remoto próximo gobierno, sean exclusivamente económicas y se ignoren estos importantes asuntos políticos e institucionales.

12 DE CÓMO EL DESASTRE VENEZOLANO HIZO TRIUNFAR AL NEOLIBERALISMO

Este breve ensayo navega a través de tres ideas centrales, las cuales son conectadas para dibujar una metáfora de suicidio político e intelectual. En primer lugar, se argumenta que entre las décadas de 1980 y 1990 se instaló, en la discusión pública latinoamericana, un discurso basado en el uso despectivo y reduccionista del término "neoliberalismo", en cuya instalación fue clave el rol de un conjunto de intelectuales que producían ideas para apoyar un objetivo de destrucción o superación del capitalismo.

En segundo lugar, se argumenta que estos intelectuales, y los políticos que se subieron a su tren de ideas, actuaron de manera irresponsable en tanto se propusieron caricaturizar a los conceptos y relaciones propuestos por la economía neoclásica, deformando con fines político-ideológicos a muchos de estos conceptos y relaciones y desconociendo u ocultando, deliberadamente, aportes fundamentales que corregían o mejoraban algunas visiones primitivas de la microeconomía de finales del siglo XIX y principios del siglo XX. Al hacer esto, estos intelectuales contribuyeron a extraer toda sustancia de la discusión económica y a colocarla en los maniqueos términos de la superioridad o inferioridad moral de ciertas ideas políticas.

La tercera y última idea plantea que el estrepitoso fracaso de los modelos vendidos por estos intelectuales como "la alternativa al neoliberalismo" (cuyo epítome es el modelo chavista venezolano), ha creado un impulso pendular que refuerza una nueva adoración dogmática del liberalismo económico, también conservadora y reduccionista, pero de signo contrario a la ola vivida en los 1980s y 1990s. Este sería el costo y el tamaño de los efectos de esta mofa intelectual, que denigró de toda alusión a la microeconomía y etiquetó a toda discusión microeconómicamente fundamentada como parte de una supuesta hegemonía ideológica y discursiva del capitalismo.

El "Neoliberalismo" como connotación negativa: un producto 100% latinoamericano

El término "neoliberalismo" fue acuñado durante las décadas de 1950 y 1960, y su acepción fue de moderación de la visión liberal clásica, introduciendo la consideración de valores sociales y humanísticos a la par de consideraciones de eficiencia económica. Justo lo opuesto de su acepción más contemporánea.

Quienes usaron por primera vez este término fueron los economistas vinculados con la Escuela de Economía de Friburgo, llamada así porque nació en la Universidad de Friburgo, Alemania, en la década de 1930. Economistas de esta escuela, tales como Walter Eucken, Wilhelm Röpke, Alexander Rüstow y Ludwig Erhard, propusieron y comenzaron a usar el término "neoliberalismo" para identificar a la propuesta que luego se expresaría como la economía social de mercado, que fue llevada a la práctica en la Alemania de la posguerra, bajo el liderazgo de Ludwig Erhard como ministro de economía y cabeza visible de la política económica alemana de las décadas de 1950 y 1960. Estos primigenios neoliberales alemanes pensaban, en contraste con los liberales del siglo XIX (partidarios del laissez-faire), que la competencia en los mercados trae prosperidad económica, pero esta debía acompañarse por robustas políticas sociales y regulatorias, que velaran por los más débiles y frenaran a los carteles y monopolios.

Como explican Taylor Boas y Jordan Gans-Morse, del Departamento de Ciencias Políticas de la Universidad de California (Berkeley), las siguientes veces que este término aparece en la literatura económica es de la mano de un grupo de académicos chilenos, que comienzan a usar la traducción "neoliberalismo" para referirse a las ideas de la Escuela de Friburgo y a su atractiva aplicación en el "milagro alemán" de la posguerra. Estos académicos chilenos usaban el término en su acepción positiva y moderada, como un ideal de política para sus propios países. [28]

Estos economistas chilenos comienzan luego a modificar sus propias ideas de cuál es la política económica deseable, influidos por su mayoritaria formación en la Universidad de Chicago (bajo la tutoría de Milton Friedman y Friedrich Hayek), por una parte, y por los desastrosos resultados de la política económica de Salvador Allende en el período 1970-1973, por la otra. Es así como la escuela chilena bautizada como los Chicago´s boys formula las ideas para una radical liberalización de los mercados, privatizaciones masivas, reducción del tamaño del Estado y expropiación de parte del poder de negociación de los sindicatos; todo aquello bajo la férrea dictadura militar de Augusto Pinochet.

Son los académicos opositores a Pinochet quienes por primera vez "tuercen" el concepto de neoliberalismo, en la década de los ochenta, para ahora identificar a los cambios en la manera de organizar a la sociedad, a los mercados y a las instituciones políticas, ejecutados por la dictadura. Este término entonces comenzaría a extenderse, primero en la literatura académica en español, y de allí saltaría a las revistas académicas editadas en inglés, bajo una creciente acepción peyorativa.

Los intelectuales y la caricaturización de la etiqueta "neoliberal"

Una vez que el concepto de neoliberalismo comienza a ser usado en América Latina, para calificar a programas y políticas económicas similares a las ejecutadas en Chile por la dictadura de Pinochet, y su uso se expande a revistas académicas en inglés, entonces comienza a ocurrir un fenómeno que posee tres características: (1) el término es mayoritariamente usado en su acepción peyorativa y sólo aparece en publicaciones de académicos que tienen una posición crítica de las políticas de libre mercado; (2) en la investigación empírica, el término neoliberalismo es a menudo usado sin que lo acompañe una definición conceptual, incluso en artículos en los que este término es usado como una importante variable dependiente o independiente (Boas y Gans-Morse, 2009); y (3) este uso vago e impreciso del término neoliberalismo contribuyó a que este permitiera calificar (o descalificar) de la misma manera a programas de estabilización económica de distintos signos ideológicos o escuelas de pensamiento (e.g., sin importar si tuviesen la inspiración monetarista, de la escuela de Friedman, o si tuvieran un sesgo hacia la escuela Keynesiana o Neokeynesiana), y este uso extensivo facilitó la descalificación a priori de todo programa establecido en términos de incentivos económicos, equilibrios macroeconómicos y diseño institucional.

Un elemento pernicioso y oscurecedor del debate público fue esta descalificación moral del discurso microeconómico, lo cual promovió la idea falaz de que es posible desarrollar políticas públicas virtuosas desconociendo el rol de los incentivos en la conducta humana.

En no pocas ocasiones, la descalificación moral del análisis microeconómico se ha basado en atribuciones falaces o en lo que hoy se llaman "hechos alternativos" como, por ejemplo, la idea de que la microeconomía supone que los individuos son necesariamente egoístas o que éstos son racionales.

Esta atribución falaz ignora o esconde toda la evolución conceptual de la microeconomía fundada en controversias abiertas y metodológicamente rigurosas. En cuanto al supuesto de egoísmo adjudicado ideológicamente, hay que decir que la maximización de una función de utilidad individual es totalmente compatible con la idea de individuos altruistas, o personas preocupadas por el bien común, o sensibles a temas ambientales y sociales.

En cuanto al supuesto de racionalidad, ya en la década de 1950 un investigador llamado Herbert Simon había instalado en la academia la idea de que los seres humanos somos limitadamente racionales, que tratamos de hacer lo mejor posible con información imperfecta o parcial, y que no somos capaces de ponderar todas las variables en juego. El estudio de los límites de la racionalidad y los sesgos bajo los cuales actuamos es hoy parte central de la economía del comportamiento. [29]

Este proceso de vaciedad de significación precisa del concepto, y de su uso orientado a la descalificación moral del discurso microeconómico, contribuyeron a descalificar el conocimiento experto, a ignorar los consensos mínimos que existen en la teoría económica y, de esta manera, a facilitar el éxito electoral de programas políticos voluntaristas, orientados a perseguir intenciones y deseos con una base conceptual precaria.

El choque con la realidad, las consecuencias sociales y el empuje hacia una nueva vaciedad conceptual

El éxito electoral de los programas políticos voluntaristas, esos que desprecian la discusión abierta y académicamente fundamentada sobre el rol de los incentivos económicos en un diseño institucional virtuoso, que desprecian la consideración de la evidencia empírica, suele tener desastrosas consecuencias políticas, económicas y sociales. En lo político, el voluntarismo suele reforzar un proceso de destrucción de la separación de poderes, de explicaciones basadas en teorías de la conspiración y de creación de oportunidades para la captura de rentas. En lo económico, los resultados convergen en caídas drásticas de la productividad, baja competitividad y empobrecimiento tecnológico (con casos extremos de crisis inflacionarias y escasez pertinaz). En lo social, se observan burbujas de mejorías circunstanciales seguidas de procesos de empobrecimiento transversal, precarización del trabajo y deterioro de la calidad de los servicios públicos.

Estas coyunturas, como es el caso actual de Venezuela, incuban fuerzas que corren hacia los extremos ideológicos, con procesos de polarización en los que la discusión política es sembrada de visiones religiosas. Desde el lado de los experimentos revolucionarios, se niega la evidencia en nombre de teorías conspirativas, enemigos externos y sabotajes "imperialistas", con lo cual se justifican o se niegan las penurias económicas y sociales. Desde el lado opositor, ganan popularidad los programas políticos basados en soluciones draconianas y simplistas, pero de signo contrario al Estatismo devastador.

En la Venezuela de 2017, como ocurrió en los países de la órbita soviética o en el Chile de Allende, es tal el desastre creado por el voluntarismo que muchos desean el advenimiento de una luz neoliberal, un nuevo credo que ayude a destruir una catedral y a erigir una nueva sobre las ruinas de la primera.

El surgimiento de una nueva ola de vaciedad conceptual es hoy uno de los reales efectos del uso moral e indiscriminado del concepto de neoliberalismo. Ojalá hayan aprendido algo esos intelectuales que ayudaron a denigrar de todo el conocimiento económico, esos que movieron el debate hacia la superioridad o inferioridad moral de las propuestas políticas.

65

13 LA BANALIZACIÓN DEL ACOSO POLÍTICO COMO HERENCIA DE HUGO CHÁVEZ

Uno de los rasgos característicos de la práctica política del chavismo en Venezuela es el uso sistemático del acoso, de la provocación del sentimiento de la violación, del agavillamiento, del robo directo y personal, de aquello que los humanos parece que aprendieron de la conducta de las hienas, todo eso como base de una estrategia de respuesta política frente a la disidencia.

Esta es una práctica central del movimiento creado por Hugo Chávez, y revela su intrínseca intolerancia de la crítica y de la expresión política disidente. Al tratarse de una visión dogmática de la política, se establece una superioridad moral que justifica crímenes. Sobre todo determinadas manifestaciones del sadismo y cierto gusto por el dolor ajeno. Ha ocurrido muchas veces y cada vez se observa un mayor grado de coordinación y selectividad. También se ha mostrado últimamente cómo estas acciones pueden "encenderse" y "apagarse" con las órdenes precisas.

Más allá de la controversia ideológica, más allá de lo que se crea sobre el funcionamiento de los mercados, más allá del discurso sobre la opresión imperialista y los poderes financieros internacionales, más allá de toda duda razonable sobre la justicia y el dinero, más allá y por encima de todo eso, lo que realmente queda es una manera de entender la política que reivindica a la humillación física individual como punto de partida de un proyecto de hegemonía cultural.

La estrategia gubernamental para disuadir la acción política opositora suele combinar la represión policial con la acción directa de grupos paramilitares, de pandilleros cuya intención primera es infligir dolor mediante los golpes y la humillación del despojo directo, todo esto como un giro morboso del ejercicio del poder. Las víctimas pueden ser unos manifestantes anónimos en una calle cualquiera, un grupo de periodistas que capta evidencias "sensibles" o incluso los diputados opositores dentro de las mismas instalaciones de la Asamblea Nacional.

De tanto haberse visto, de la cotidianeidad de su presencia, de la rutinaria desfachatez de sus soldados sólo puede concluirse que hay una estrategia, y una estructura, deliberadamente diseñadas para destruir el vigor contestatario mediante el quiebre de la autoestima y el amor propio de la persona que intenta rebelarse. Cuando se constituye y se dirige a las fuerzas de choque, la orden incluye de manera explícita el amedrentamiento, el robo, la golpiza en grupo y el despojo más íntimo, todo esto como parte de un mensaje de terror y de dominio sicológico que se desea transmitir desde las mismas vísceras.

Quiero insistir en este punto porque quizás ya se ha acumulado suficiente información para armar unos cuantos casos judiciales contra determinadas personas. Los casos jurídicos bien armados son unos de los principales instrumentos disponibles hoy día para defendernos de los poderes que usan la conspiración criminal, a la sombra del Estado, para liquidar la disidencia política pacífica y abierta.

¿Cómo puede la sociedad civil enfrentarse a un gobierno que no solo usa la fuerza pública en contra de los opositores, sino que también ha privatizado parte de la represión "comprándole" servicios a grupos que se mueven entre el hampa y el paramilitarismo? En un país donde el gobierno tiene un dominio vertical y absoluto de las instituciones de justicia.

Una, entre varias opciones no excluyentes entre sí, es armar casos de crímenes de lesa humanidad, de estos crímenes puntuales y frecuentes, sistemáticos e institucionalizados. Armar un caso significa recolectar, ordenar y presentar evidencias sobre la responsabilidad de los ejecutores y, sobre todo, de los coordinadores. Porque la soberbia que produce el poder, la ebriedad de una impunidad continuada, seguro han mermado los controles y las escenas están llenas de huellas, de ADN, de rastros de diversos tipos dejados con displicencia.

Los crímenes del poder no prescriben. Los orquestadores del dolor y del miedo, los expertos en las armas de la desmoralización tienen que comenzar a pensar que el día de su juicio llegará. Y que va a ser un juicio en esta tierra, con debido proceso y presunción de inocencia. Más temprano o más tarde. Dentro o fuera del país, porque cada día se acepta más la jurisdicción global de las cortes de justicia internacionales.

Y si llega el momento en que algunas acusaciones deban ser negociadas para salvar una transición, pues quizá habrá que tragar grueso y continuar. Pero deben saber que muchos de estos verdugos cotidianos no se salvarán de la justicia. Esta es una de las amenazas que deben hacerse creíbles en una lucha tan difícil y asimétrica como la que actualmente se libra en Venezuela.

14 ¿POR QUÉ ESCAPÉ CUANDO ESCAPÉ DE VENEZUELA?

Quizá sea porque estoy en la última bajada de un año, nadando en la nostalgia de diciembre, en la nostalgia de un país que era una fiesta, en la nostalgia de aquello que era despedir cada año con jolgorio. Quizá sea porque recién he cumplido un año más y he pasado a la segunda mitad del siglo de mi vida. Quizá sea porque las noticias de aquel país son una cuenta de desolación. Quizá sea por el respeto de los que quedaron como atrapados en un fango, unos por incautos y otros por medida decisión. Quizá sea por toda la memoria y el cariño que conservo. Quizá sea por toda la memoria y el cariño que perdí. Pero lo cierto es que hoy quiero contar por qué escapé cuando escapé de Venezuela, compartir mi versión, salirme del camino unos instantes y explicar mi desvío.

Corría el mes de septiembre de 2004 y yo regresaba feliz a mi país. Había estado cinco años fuera y aquello parecía demasiado. Necesitaba regresar a un lugar en el que no necesitara traducciones, en el que entendiera los giros del lenguaje antes de que mis interlocutores terminaran las frases. Necesitaba volver al puerto de los símbolos compartidos, de las cadencias conocidas, del mar que había esculpido mis arrecifes y del aire que había peinado mis árboles sagrados. Era volver a ser el pez de mi agua.

Todo aquello coincidía con el boom petrolero, con la germinación de múltiples oportunidades. Traíamos a un hijo en el vientre y a un deseo que estallaba en los pulmones. Todo parecía esperanza, promesa creíble y posibilidades de incidir. Y, en efecto, hubo mucha alegría, amigos nuevos, estrechez con los viejos, ganancias cosechadas y fraternas tardes de poesía. A mí, que magnifico las delicias, sean breves o enjutas, todo aquello me parecía glorioso. Y glorioso fue mientras duró.

El año 2006 fue como un tsunami de cosas buenas, familiar y

profesionalmente. Había proyectos y aventuras, estudio y escritura. Pero también crecía cierta incomodidad con la política nacional. Yo buscaba un proyecto de país que me gustara, pero tal cosa no existía. El gobierno de Hugo Chávez comenzaba a revelar sus verdaderos planes y yo no encontraba nada en la acera contraria que me cautivara. Pero el mayor reclamo ni siquiera estaba dirigido a los jugadores políticos. Lo que secretamente me irritaba, o rumiaba dentro de mí, era la certeza de que aquello parecía gustarle a mucha gente. El problema no es que haya proyectos políticos que a uno le desagraden. El problema es que a mucha gente le gusten estos proyectos políticos. Y eso era lo que ocurría en Venezuela.

En los años 2005 y 2006 la oposición al proyecto chavista estaba perdida entre la antipolítica, la desesperanza y el oportunismo. Así, ocurrieron elecciones parlamentarias y presidenciales y lo que yo observaba se dividía entre unos creyentes en las promesas fatuas de un populista que era un gran estratega de corto plazo, pero un desorientado peligroso de largo plazo, y una oposición frívola y excluyente, que no alcanzaba a entender las dimensiones de la seducción ni las características del juego.

Así llegamos al año 2007, en el cual Hugo Chávez le quitó los últimos trapos al disfraz de su proyecto político y convocó a unas elecciones para someter a la voluntad popular un amplio y peligroso cambio constitucional. Por primera vez, después de muchos años y muchas elecciones, una mayoría se le plantó en frente y la propuesta chavista fue derrotada. Era la reivindicación de la política, la vuelta a creer en las posibilidades de derrotar electoralmente a Chávez y su viraje radical. Pero entonces se reveló, también, el carácter dictatorial de su proyecto y la incapacidad del resto del país para frenar a los caballos de Atila. Aunque aquella propuesta chavista de cambio constitucional fue derrotada en las urnas, la voluntad popular fue por primera vez desconocida y la propuesta derrotada fue llevada adelante sin pudor y sin freno: el país soportó, pasiva y lastimosamente, que se ejecutaran los cambios que los electores habían denegado. Esa fue la primera señal de alarma.

La segunda señal de peligro sobrevino un año después, cuando la oposición ganó un conjunto de alcaldías y gobernaciones, y la respuesta chavista fue vaciar a esas alcaldías y gobernaciones de la mayoría de sus competencias y prerrogativas legales. Allí terminó de desnudarse la dictadura, allí se reveló la impotencia de la oposición política, allí decidí abandonar el país.

El 5 de julio de 2010, pisé por última vez suelo venezolano y desde entonces no he regresado. Al principio era el dolor y la rabia del apátrida. Hoy es la nostalgia y el recuerdo del inmigrante.

Yo no estoy preparado para vivir en una dictadura. Solo entiendo de luchas o de exilio. Yo escogí el exilio porque no logré ver un horizonte, ni una estrategia, ni un proyecto para la lucha. Respeto profundamente a quien escogió quedarse y permanece luchando en alguna trinchera. Yo hubiera enfermado de impotencia o me hubiese detonado de desesperación. No estoy preparado para vivir en dictadura. Pienso que uno no puede aceptar vivir en dictadura. No existe paz en dictadura. Solo servilismo, miedo y culto a la autoridad. Ya sé que es mi dolor y no pido financiamiento de nadie para este.

15 ¿USTED DUDA QUE VENEZUELA SEA UNA DICTADURA?

Un eufemismo es la expresión suave o decorosa de una idea cuya directa y franca manifestación sería dura, malsonante o hiriente para algunas personas. Hay ocasiones en que el uso de un eufemismo nos permite ganar en sostenimiento de la comunicación lo que perdemos en franqueza. Pero la franqueza, como sinceridad, es un valor supremo que abona en la transparencia, en la confianza, en cierta desnudez de la palabra que siempre se agradece. Esta idea es propicia cuando caracterizamos al régimen político venezolano como una dictadura.

El régimen político moldeado por Hugo Chávez había sido caracterizado como un régimen híbrido: uno que combina rasgos autoritarios con elementos democráticos. Dentro de estos últimos, la cuerda de la que pendía la democracia eran las elecciones. Pese a la concentración de poder, pese a hegemonía institucional de una fuerza política, pese a la escasa transparencia, la desaparición de los mecanismos de rendición de cuentas y la supresión de contrapesos institucionales, pese a todo esto, en Venezuela se realizaban elecciones y esto implicaría que la voluntad todavía residía en los electores.

Otro punto de vista, toma como referencia dictatorial a regímenes abierta y radicalmente sanguinarios con la oposición política. Comparado con el sadismo de Pinochet, el matonismo de Videla o la eficiente crueldad de Pérez Jiménez, el dictador venezolano de los años cincuenta, el gobierno de Chávez y sus herederos sería un ejemplo de tolerancia, un poco manchada por eventos aislados y fortuitos, pero sin el hedor criminal que patentaron aquellos clásicos dictadores latinoamericanos. Todavía habría libertad de reunión y una cercenada pero viviente libertad de opinión.

Lo cierto es que el eufemismo es cada vez más tóxico, y por ello intragable. Hay que decirlo con todas sus letras, gústele a quien le guste: el modelo político creado por Hugo Chávez y profundizado por sus herederos le ha dado sustrato a la palabra dictadura al consolidar un proceso de esterilización de las elecciones. Es una dictadura porque una facción política usa todo el poder para dictar o imponer el rumbo de los asuntos públicos, y este poder dejó de estar sujeto al desafío electoral.

La regla dictatorial tiene la siguiente expresión: Cuando una elección puede esterilizarse, puede entonces permitirse para que sirva como un monumento a la inocuidad. El ejemplo más reciente y sonoro fue la elección parlamentaria de diciembre de 2015. Ante un cambio en la correlación de fuerzas en el Parlamento venezolano, este ha sido sistemáticamente vaciado de todo su poder legislativo y contralor. Estos poderes fueron flagrantemente transferidos al Ejecutivo y al Tribunal Supremo de Justicia. El parlamento venezolano no tiene, en la práctica, ninguna posibilidad de legislar ni de controlar al poder Ejecutivo.

Y este proceso de esterilización de la oposición política comenzó hace varios años. Parte importante de los cambios constitucionales sometidos a referéndum por el gobierno venezolano en 2007, y denegados por una mayoría, fueron ejecutados posteriormente. Al menos desde el 2008, los gobernadores y alcaldes opositores han sido despojados de competencias clave y su capacidad de incidencia se ha visto limitada por el Ejecutivo Nacional. En las elecciones parlamentarias del año 2010, la oposición venezolana obtuvo el 39% de los escaños. Para sortear la obligación de construir supermayorías parlamentarias, para aprobar o reformar determinadas leyes y para elegir a los otros poderes públicos, el chavismo sobreutilizó una mayoría parlamentaria simple y se apoyó en la anuencia de un poder judicial elegido a su medida, para eximirse del requisito de sumar un mínimo de dos tercios de los votos para poder tomar las decisiones legislativas políticamente más delicadas.

Así que lo ocurrido con la actual Asamblea Nacional, y más recientemente con la obstrucción del referéndum revocatorio, no representa el inicio sino la consolidación de una dictadura. Una dictadura es un sistema político en que una facción gobierna con una hegemonía que no admite los desafíos electorales y, en consecuencia, no respeta la voluntad popular. Y en este punto, de verdad no importa lo estilizado del mecanismo de dominación con el que se compre la paz política; no es la crueldad represiva la principal característica de un régimen dictatorial. No hay eufemismo que traiga tranquilidad..

16 VENEZUELA CERCA DE LA GUERRA: EL RETORNO DE LA ANTIPOLÍTICA

En estos días del mes de mayo de 2017, Venezuela más que un país es una tragedia. No solo hay una lista de muertos, heridos y detenidos procesados irregularmente en tribunales militares. También hay hambre en muchas familias, personas que mueren por falta de medicamentos esenciales, y oportunidades para especular con la penuria de la gente. A un lado del barranco, hay un gobierno dispuesto a defender sus privilegios, sus dogmas y sus mafias en la trinchera de las últimas consecuencias. Tienen mucho que perder; entre otras cosas sus negocios y la seguridad que brinda controlar el Estado. Y dadas las amenazas de exterminio, para algunos dirigentes chavistas es más atractivo salir del gobierno (y del país) como exiliados de una guerra perdida, que salir después de una negociación que no les otorga visos de heroicidad en el universo de la izquierda global. Esto es quizá la más simple explicación de por qué se avanza en el cerco dictatorial, desafiando los preceptos institucionales de la democracia liberal e imponiendo la fuerza con descaro.

Todo lo anterior es un dato, una certeza cada vez más nítida. Los dogmáticos y religiosos del sueño comunista aliados con los resentidos herederos de Boves, el Urogallo, y con los mafiosos de los negocios turbios y de los contratos de las compras gubernamentales. La siguiente cuestión es qué pueden hacer los jugadores opositores para derrotar a un gobierno que ha secuestrado el poder político, imponiendo unas reglas que facilitan su dominio hegemónico y desconociendo resultados electorales adversos. En otras palabras, ¿cuál es la mejor estrategia para enfrentar, con eficiencia y legitimidad de largo plazo, la deriva dictatorial del gobierno venezolano?

La estrategia frente a una dictadura: ¿política o antipolítica?

Para simplificar el análisis, podemos pensar que hay dos escuelas de pensamiento para responder esta pregunta. A la primera la llamaremos la "escuela de la política". La política es poner el énfasis en la persuasión, en la influencia, en el convencimiento, en el cálculo preciso de la correlación de fuerzas presente y de cuáles movimientos permitirían cambiar esa correlación de fuerzas en el futuro. La política implica identificar los principales intereses del juego y explotar lo que une o divide a esos intereses. Implica, también, analizar el juego como secuencias de acción y reacción, visualizar movimientos (propios y de los otros jugadores) y evaluar las posibles secuencias de estos movimientos. Por último, hay una característica que es central: En política, la forma es el fondo.

Las soluciones políticas suelen entonces implicar algún tipo de negociación, de arreglo entre las partes. Debido al predominio de las formas, aun en aquellos casos en que una parte derrota flagrantemente a sus principales adversarios, es recomendable evitar que esto se vista de humillación. Porque las humillaciones alimentan la inestabilidad de los acuerdos.

La segunda escuela de pensamiento es la "escuela de la antipolítica". La antipolítica es el énfasis en el "deber ser", en la búsqueda de imponer lo que se cree que es lo mejor, o lo técnicamente ideal. La antipolítica es el desprecio por las formas, el descrédito de la persuasión, la mirada miope de las correlaciones de fuerza, la visión estática y muchas veces cortoplacista del análisis político. En la mirada antipolítica, el fondo justifica la ignorancia y, muchas veces, la destrucción de las formas.

Una de las razones por las que establezco esta distinción entre política y antipolítica, es porque sostengo la tesis de que la escuela de la antipolítica tiene una alta responsabilidad en el triunfo de Hugo Chávez en 1998, en el dominio e imbricaciones sucesivas del proyecto político chavista y, lo más dramático, en la procura recurrente de estrategias políticas que son equívocas, voluntaristas y miopes. Un ejemplo reciente ayuda a entender esta tesis.

Después de las elecciones parlamentarias de diciembre de 2015, el gobierno venezolano realizó una serie de jugadas orientadas a trancar el juego político y provocar una reacción de fuerza. Primero desconoció el poder y las competencias de la nueva Asamblea Nacional, reduciendo arbitrariamente el número de diputados opositores y neutralizando las decisiones parlamentarias mediante sentencias del Tribunal Supremo de Justicia. Luego bloqueó la posibilidad de convocatoria al referéndum revocatorio que contempla la Constitución, y más recientemente ha llamado a una Asamblea Constituyente de corte corporativo, cuya convocatoria y composición violan los principios del voto universal, directo y secreto.

Frente a estas jugadas dictatoriales, en algunos sectores de la oposición venezolana comienza a calar la idea de que la única opción disponible se reduce a una salida de fuerza. Así lo evidencian las características de la estrategia de choque defendida por individualidades influyentes y grupos que parecen atrapados entre la desesperanza y la desesperación: La intervención de las Naciones Unidas o de otras fuerzas externas como elemento que discipline al gobierno; la exigencia de elecciones inmediatas y externamente supervisadas, bajo pena de sanción internacional; el desalojo forzado de Nicolás de la Presidencia de la República; y su reemplazo por un gobierno de transición.

El argumento central de este ensayo es que parece haber un patrón en ciertos sectores de las élites venezolanas, en grupos de individuos bien intencionados, muchos de los cuales poseen un conocimiento científico y humanista excepcional, cuya preocupación por el rumbo político y social del país los empuja a actuar de una manera que resulta sistemáticamente contraproducente. A esta manera de actuar políticamente es a lo que llamo "la escuela de la antipolítica". Veamos algunos ejemplos.

Ejemplo N° 1: Los intelectuales y académicos que articularon, a finales de la década de 1980, el programa de reformas del segundo gobierno de Carlos Andrés Pérez. En muchos de aquellos académicos se combinaban destrezas técnicas con buena intención. Pero ya es historia el hecho de que la estrategia política de aquel programa de reformas fue voluntarista, no entendió los intereses en juego ni la correlación de fuerzas entre estos, y subestimó el rol de la persuasión en la negociación política de las reformas.

Ejemplo N° 2: La tribu intelectual venezolana de los años 1980 y 1990 conocida como los "Notables". Las jugadas antipolíticas de los Notables son otra joya de la decadencia del sistema democrático venezolano. Cuando gobernaba Jaime Lusinchi (1984-1989), cuya política económica fue el epítome de la ineficiencia y la corrupción, los Notables se dedicaron a desacreditar la relación extramarital del presidente. Entre 1990 y 1993, los Notables jugaron un rol clave en el proceso que abortó el programa de reformas y culminó en el proceso judicial contra Carlos Andrés Pérez. Esto último ha sido documentado por el profesor Juan Carlos Rey, de la Escuela de Estudios Políticos de la Universidad Central de Venezuela, en un artículo titulado "Crisis de la responsabilidad política en Venezuela. La remoción de Carlos Andrés Pérez de la Presidencia."[30]

Ejemplo N° 3: La nueva ola de la Antipolítica del año 2017. En la medida en que los efectos distorsionantes de las políticas del gobierno venezolano se han agudizado, trayendo hambre, desnutrición, dificultades para acceder a medicinas y un brutal deterioro de la infraestructura, se han masificado el descontento y las presiones para que el cambio en las preferencias de los electores se exprese, a través de elecciones, en la reconfiguración de los poderes públicos. Frente a esta presión, la respuesta de la facción gobernante ha sido la esterilización política de los espacios de poder de la oposición y el bloqueo de las oportunidades electorales posteriores a la elección parlamentaria de diciembre 2015, con el objetivo de imponer una hegemonía no sujeta a desafíos electorales. Esto, sin duda, es una declaración de guerra. La duda está en la pregunta del inicio de este ensayo: ¿Cuál es la mejor estrategia para enfrentar, con eficiencia y legitimidad de largo plazo, a la dictadura de una coalición que domina el poder judicial, el poder electoral, las fuerzas armadas y ha organizado una milicia paramilitar que reporta directamente al presidente Maduro?

Frente a esta pregunta, la respuesta de ciertos grupos opositores es también una declaración de guerra. Pedir la intervención de las Naciones Unidas, con toda su logística de tropas y tanques, para supervisar el abandono del cargo del presidente Maduro, el nombramiento de un gobierno de transición y la convocatoria a elecciones, "a más tardar en diciembre de 2017", es equivalente a invocar la guerra como mejor respuesta a la declaración de guerra del gobierno venezolano. Yo entiendo el dolor y la desesperación disparados por las políticas gubernamentales, pero hay algunas preguntas que no podemos evadir:

- ¿Cuáles son los efectos de responder con guerra a la dictadura, en términos de las posibilidades de derrotarla?,
- ¿Qué capacidad tienes tú para invocar la guerra o "con cuántas divisiones cuentas"?, y
- ¿Cómo es tu compromiso individual con la guerra invocada?

En la respuesta a las tres preguntas se dibuja el talante antipolítico y emocional de los llamados a la guerra desde cierta oposición, que se observan en mayo de 2017. La respuesta de la guerra, si se materializara, es quizá la respuesta preferida del gobierno de Nicolás Maduro. Para determinadas facciones del gobierno, la guerra ofrece dos cosas que no ofrece la capitulación voluntaria:

1. La posibilidad de triunfar, y conservar el poder, y
2. La posibilidad de que una derrota militar sea una victoria política de largo plazo, enaltecida y mitificada por el aparato propagandístico de la izquierda global.

En el equilibrio de guerra también habría que considerar que Rusia y China tienen grandes intereses en Venezuela y que, pese a sus características idiosincráticas, el chavismo no es un fenómeno exclusivamente venezolano. Pero hay más.

En un estudio publicado en el 2008 y titulado "Por qué la resistencia civil funciona", las autoras Maria Stephan, del Centro Internacional de Conflictos No-violentos, y Erica Chenoweth, de Wesleyan University analizaron la eficacia comparada de las campañas violentas y no-violentas en conflictos políticos. Para ello, estudiaron las principales campañas violentas y no-violentas del globo, en el período 1900-2006. Uno de los principales hallazgos es que las campañas no-violentas han sido exitosas en el 56% de los casos, mientras las violentas alcanzan el éxito el 26% de las veces. La explicación de esta diferencia, que ofrecen Stephan y Chenoweth, es que el compromiso con la no-violencia refuerza la legitimidad doméstica e internacional de los grupos políticos que enfrentan al poder, y que esta estrategia promueve una participación más amplia de la sociedad en la resistencia y esto confiere una mayor capacidad de presión política.[31]

La segunda pregunta nos enfrenta al corazón de la antipolítica: el voluntarismo. Para hacer de la guerra una realidad es requisito indispensable tener poder de fuego. ¿Con cuántas divisiones cuentan quienes hoy día llaman a la guerra, desde la oposición al gobierno de Nicolás Maduro? Estos grupos invocan el apoyo de las divisiones de los "cascos azules" (para algunos quizá también funciona si aparecen solo los "Marines"). El problema es que la presencia de China y Rusia en el conflicto venezolano es un disuasivo muy potente para el compromiso militar de los EEUU o la OTAN en Venezuela. Con los frentes de Corea del Norte y Siria abiertos, es probable que una intervención militar en Venezuela dispare un conflicto de escala global. Todo esto hace pensar que pedir una intervención militar, aparte de inefectivo, es una demanda pueril. Es una solicitud al vacío, un saludo a la bandera, un grito en una playa solitaria, una típica jugada antipolítica.

La tercera pregunta nos enfrenta a un tema ético fundamental: ¿en qué trinchera se ubican quienes llaman a la guerra? Aunque la guerra sea inefectiva, indeseable o contraproducente, el compromiso individual con esta es una muestra respetable de responsabilidad individual y de consistencia. Pero invocar la guerra desde el exterior, desde la comodidad de los pasillos o los laboratorios de una universidad extranjera, o desde una posición de observador lejano, es por lo menos un acto de cobardía e irresponsabilidad. En una guerra, sobre todo si es asimétrica como la que pudiera perfilarse en Venezuela, la responsabilidad del liderazgo es arriesgar su propio pellejo a la hora de invocar la sangre de otros.

Conclusiones

Uno de los problemas con el análisis del fenómeno político inaugurado por Hugo Chávez en Venezuela, es que es difícil distinguir entre los terribles efectos prácticos de un modelo político y económico en el que se mezclan el dogmatismo de izquierda y las oportunidades de negocios en la sombra del poder, por una parte, y los reclamos de injusticias y desigualdad de oportunidades que nutren el caldo de cultivo de los movimientos políticos de corte chavista.

Lo que representa el chavismo no es un fenómeno local o autóctono de Venezuela. En España ha surgido Podemos con mucha fuerza, al extremo de robarle una base importante al PSOE. En Francia, en 2017, emergió la propuesta política de Jean-Luc Mélenchon, quien se identificó abiertamente con el modelo de "socialismo bolivariano". Aunque Mélenchon obtuvo cerca de un 20% de los votos (el cuarto lugar en la primera vuelta electoral), fue el candidato que más atrajo votantes jóvenes en esa oportunidad. En Chile, considerado por muchos como un modelo político, económico e institucional digno de imitación, en el 2017 se configura un movimiento político de corte chavista que tiene una conexión profunda con sectores de la juventud y con los estratos que acumulan frustraciones y resentimientos, que no son pocos. Esto lo convierte en una amenaza relevante, si no en las elecciones de 2017, en la siguiente cita electoral chilena.

Finalmente, está la idea de que las posibilidades de triunfo de la oposición en Venezuela están atadas a que amplios sectores disidentes del propio chavismo converjan con la oposición tradicional, para forzar al gobierno a negociar una hoja de ruta electoral y el inicio de un proceso de reinstitucionalización política y económica. Las posibilidades de que estos sectores se manifiesten, y puedan influir internamente en la dirección deseada, son abierta y directamente boicoteadas por la prevalencia de una estrategia de guerra en las filas opositoras. La violencia opositora reduce el costo de la represión y aumenta el costo de la disidencia. Frente a la violencia subversiva, el gobierno "vende" más cómodamente la idea de que no está reprimiendo, "está salvando a la patria de la amenaza imperial".

Todo esto debe hacernos reflexionar, apartar un poco la angustia, el dolor y la desesperación, y empujar, en la medida de nuestras posibilidades, hacia un escenario de superación del modelo chavista con un piso de legitimidad que traiga, no solo prosperidad económica, sino también paz y estabilidad política para las próximas décadas.

17 IDEAS PARA LA DISCUSIÓN DE PASADO MAÑANA

La última vez que vi a Tanislao Erre fue en un bar llamado Gypsy Sally´s, ubicado en la zona de Washington conocida como Georgetown. Tanislao trabajaba desde principios del siglo en el Banco Mundial, pero tenía poco que ver con el típico tecnócrata de burbuja y pluma MontBlanc.

Desde la óptica de los prejuicios de esa generación que creció con las películas de Disney, con princesa rubia y príncipe azul, con fotos de familias hermosas que escondían con vergüenza inaudita sus depresiones, sus abuelos campesinos y sus tías lesbianas, Tanislao sería un hippie que encontró un espacio en el engranaje. Desde la óptica de los prejuicios de la izquierda revolucionaria, Tanislao sería un vulgar *Chicago Boy* con veleidades veganas y militante de la sociedad protectora de animales.

En realidad, Erre era una extraña mezcla entre sociólogo y economista y militaba en la célula más crítica que había logrado sobrevivir en los organismos multilaterales anclados en la capital estadounidense. Aquella célula había defendido por años, y obviamente en minoría, la mirada heterodoxa de quienes creían en la importancia de la profundidad y competencia de los mercados, pero se consideraban a sí mismo como alérgicos a los dogmas y a las verdades reveladas de ciertos ingenieros transmutados en economistas que, de tiempo en tiempo, predicaban recetas de salvación trucadas en bombas de tiempo sociales.

Tanislao, hijo de madre canadiense y padre argentino, era portador de un compromiso de largo aliento con los problemas de América Latina en general, y de Argentina en particular, por razones obvias. Después de la tercera cerveza, la conversación se centró en los dramas de Argentina y Venezuela, en los desafíos de las transiciones políticas y en las tensiones entre el voluntarismo político, los necesarios ajustes económicos para corregir las distorsiones heredadas y la repartición de los costos sociales de estos ajustes.

"Uno de los desafíos más críticos dentro de los organismos multilaterales que hacen recomendaciones de política, a cambio del apoyo financiero que otorgan a los países en transición, es que los economistas comprendan las dimensiones morales y políticas alrededor de los programas de reformas", señaló Tanislao, justo antes de dirigirse a liberar espacio para las próximas birras. A partir de este licencioso lugar común, nos propusimos hacer una breve síntesis de los temas académicos que podrían servir de referencia para esta aproximación entre la visión técnica y la política.

El marco de referencia de la mayoría de los economistas y diseñadores de políticas públicas parte de dos ideas centrales: 1) Los ciudadanos en general, y los votantes en particular, son individuos racionales que buscan su propio interés y esto marca sus decisiones electorales y su apoyo a determinadas propuestas de políticas públicas, dentro de una variedad de ofertas de programas ofrecidos por los candidatos presidenciales y ejecutadas por los funcionarios electos; 2) Cuando los electores evalúan las propuestas alternativas de políticas públicas, éstos son capaces de identificar los resultados de la aplicación de estas, y se inclinan por aquellos que les resulten más beneficiosos.

Las intenciones también importan

Aunque un sano escepticismo debe partir de la idea de que de buenas intenciones está alfombrado el camino al infierno (y de esto hay abundante evidencia en la historia contemporánea de América Latina), quienes diseñan políticas públicas deben también considerar que los seres humanos también valoramos las intenciones, sobremanera cuando están en juego elementos asociados con lo que nos parece justo o equitativo desde el punto de vista social.

En un artículo publicado en el 2008 en la revista Juegos y conducta económica, titulado "Evaluando teorías sobre la equidad- Las intenciones importan", los investigadores Armin Falk, Ernst Fehr y Urs Fischbacher muestran evidencia experimental sobre la relevancia de las atribuciones de intenciones justas o equitativas, cuando se evalúan propuestas alternativas. "Nuestros resultados ofrecen evidencia de que la gente no solo toma en cuenta las consecuencias distributivas de una acción, en el momento de evaluar cuán justa resulta esta acción, sino que también se toman en cuenta las intenciones detrás de tal acción". En este sentido, es clave la significación otorgada por los decisores políticos a elementos como la ausencia de alternativas viables, o a las señales sobre si el político tiene la capacidad para lograr un mejor resultado, pero no se ha esforzado lo suficiente para lograrlo. [32]

La justicia o equidad procedimental

Las políticas públicas son tradicionalmente evaluadas comparando los resultados observados con la situación previa. Según esta perspectiva, si la utilidad en la situación ex post es superior a la utilidad observada ex ante, entonces el cambio debe ser aceptado.

Sin embargo, en muchos casos las elecciones individuales y sociales no pueden ser explicadas usando sólo estos criterios: ¿Por qué la gente a menudo está insatisfecha con determinadas decisiones, sobre las cuales no han sido debidamente consultadas durante el proceso de decisión, aunque están de acuerdo con las consecuencias de estas decisiones? ¿Por qué los individuos involucrados en procesos judiciales están más dispuestos a aceptar una determinada decisión cuando perciben que el proceso fue justo? ¿Cómo puede explicarse que a los trabajadores a menudo les preocupan no sólo las metas organizacionales, sino también la manera cómo estas metas son determinadas y su participación en su formulación?

En un artículo publicado en el año 1997,y titulado "El costo de los incentivos basados en precios", los investigadores Bruno Frey, de la Universidad de Zurich, y Felix Oberholzer-Gee, de la Escuela de Negocios de Harvard, analizaron las razones por las cuales los ciudadanos Suizos se oponían a la ubicación de depósitos de desechos nucleares cerca de sus comunidades, en la década de los noventa. A partir de la realización y análisis de 900 entrevistas en profundidad, encontraron que la aceptación de las reglas para elegir la ubicación de un repositorio incrementaba significativamente la probabilidad de aceptar que este fuese ubicado en las adyacencias de sus propios hogares. Reglas de decisión basadas en loterías eran consideradas más justas (y por tanto más aceptables) que aquellas basadas en transferencias o pagos para compensar su aceptación, siendo que estas últimas serían naturalmente más aceptadas por las comunidades más pobres. Para algunas personas, la explotación de la pobreza es en sí algo inaceptable, aunque esto resulte eficiente desde el punto de vista económico. [33]

Los electores somos moralistas

Una mayoría de los británicos votó por el Brexit y los estadounidenses eligieron a Donald Trump, a pesar de que, en ambos casos, el consenso de los expertos señala que estas elecciones serán económicamente contraproducentes para los electores de ambos países. Cerrar las puertas a la inmigración o regresar al proteccionismo de altos aranceles y amenazas a las empresas, generan más costos que beneficios en el largo plazo.

Algo similar a esto, aunque en otra escala, ocurre con las políticas antidelictivas de algunos países. En los últimos años, diversos países han aprobado leyes orientadas a incrementar las prerrogativas policiales para detener al azar e investigar a los transeúntes. Esto es lo que en inglés se conoce como políticas de "stop and search" (detener y registrar). La mayoría de la investigación académica ha concluido que esta política es poco efectiva para frenar la delincuencia y tiene altos costos sociales: genera discriminación hacia minorías y jóvenes, creando resentimiento e inequidad judicial, e incentiva a las policías a desviar recursos desde la investigación hacia campañas efectistas y mediáticamente notorias.

¿Si esto es así, por qué tantos electores apoyaron el Brexit, votaron por Trump o votan por legisladores que ofrecen enfrentar el crimen con medidas poco efectivas y éticamente cuestionables?

Una respuesta que ha cobrado valor en los últimos tiempos viene de la investigación en psicología social y en lo que se conoce como la teoría de los fundamentos morales. Un grupo de investigadores, entre los que destacan Jesse Graham, de la Universidad de Virginia, y Jonathan Haidt, de la Universidad de Nueva York, apuntan a que muchas de nuestras decisiones están basadas en juicios morales, y que la inclinación de estos juicios depende del subconjunto de valores que consideramos prioritarios. Para los liberales, los valores clave son la compasión por los vulnerables, el miedo a la opresión y la búsqueda de justicia, mientras los conservadores privilegian la lealtad hacia el grupo, el respeto a la autoridad y la santidad o pureza.[34]

De acuerdo a la visión de estos investigadores, cuando los votantes parecen votar en contra de sus propios intereses económicos, lo que ocurriría es que están en realidad votando por los valores morales que consideran prioritarios.

Aunque en principio, cada uno de nosotros tiene su propia preferencia por uno u otro subconjunto de valores, según seamos más del tipo liberal o más del tipo conservador, también podemos pensar en que determinadas circunstancias o eventos pueden "empujarnos" hacia una u otra de estas escalas de prioridades.

Un incremento en la percepción de desigualdad de oportunidades, de injusticia social y de monopolio de unas élites, puede disparar un estímulo que nos inclina hacia programas de izquierda que privilegian la redistribución y la venganza social. Esto explicaría por qué los electores eligieron a Hugo Chávez en Venezuela o a Evo Morales en Bolivia o a los Kirchner en Argentina.

Un incremento de las amenazas del terrorismo, del crimen o de las penurias del desempleo dispararían unos estímulos que favorecen los programas más autoritarios y los llamados a cerrar las fronteras de la derecha política. Esto podría explicar por qué triunfaron el Brexit en el

Reino Unido o Donald Trump en los EEUU.

Conclusiones

Estos tres conjuntos de elementos mencionados, la importancia de las intenciones, el deseo de que exista justicia procedimental y la preponderancia de valores morales cuando elegimos, son solo algunos ejemplos del tipo de elementos que los economistas, los políticos y los diseñadores de políticas públicas deberían incorporar en el análisis para mejorar la eficacia electoral de sus propuestas y rescatar la legitimidad perdida.

Quienes están pensando en programas de gobierno y políticas públicas orientadas a ser las bases de las transiciones políticas, en los casos de los países que han estado anclados en el populismo de izquierda latinoamericano (e.g., Argentina, Bolivia, Ecuador y Venezuela), deberían comenzar a considerar este tipo de aspectos, típicamente ignorados por el pensamiento económico y político tradicional.

Quienes estuvieran pensando en cómo enfrentar a Donald Trump y resistir a la ola proteccionista que gobernantes como éste prometían, quizá también deberían incorporar este tipo de elementos dentro del análisis. Este punto de vista podría ayudar a comprender la lógica bajo la cual estaban decidiendo los electores que votaban por Chávez, Trump o el Brexit, o bien podría contribuir a diseñar instituciones que reduzcan el pánico colectivo derivado de la criminalidad, el terrorismo o el desempleo, un pánico que parece alimentar estas controversiales inclinaciones electorales.

18 ¿DEBE LA OPOSICIÓN VENEZOLANA PREPARARSE PARA NEGOCIAR CON RUSIA?

"Si tú no estás en la mesa, estás en el menú". Este moderno proverbio resume todos los argumentos a favor de que la oposición venezolana dialogara, durante la crisis política de 2017, con todas las partes relevantes del conflicto político actual.

En ese año, el gobierno venezolano estaba asfixiado financieramente. Su modus operandi había sido como el de las termitas, esos insectos que avanzan devorando, en una tenaz campaña de desertificación. Una vez que se destruyó el tejido industrial del país, y se inhibió a la inversión privada con gritos de guerra y amenazas, lo que quedaban era deudas y un subsuelo rico en reservas de recursos naturales. Venezuela posee ingentes reservas minerales y petroleras. El problema era que para transformar esas reservas en recursos financieros hacía falta la inversión de terceros. Pero como durante varios años, el gobierno venezolano se dedicó a cambiar las reglas de juego, a expropiar, intervenir y amenazar continuamente a los privados, resultaba que esos terceros, exigían garantías para sus inversiones, condiciones preferenciales y acceso a tales recursos con bajos costos regulatorios.

Esto ayudaba a explicar las apuestas del gobierno venezolano por la explotación, con escaso prurito ecológico, de lo que se conocía como el "Arco Minero"[35] (un vasto territorio rico en valiosos minerales), y su búsqueda frenética de una vía rápida para la aprobación de proyectos que implicaban una mayor presencia de Rusia en la industria petrolera nacional. Como había sido explicado por expertos petroleros y publicaciones especializadas, esto último era el trasfondo del reciente golpe judicial dado a la Asamblea Nacional, con las polémicas sentencias del Tribunal Supremo de Justicia de la última semana de marzo de 2017.[36]

En medio de una debacle económica sin precedentes, el gobierno venezolano buscaba entregar petróleo a la empresa rusa Rosneft, a cambio de la inyección temprana de un caudal de divisas que permitiera al gobierno cumplir con los pagos del servicio de la deuda, próximos a vencer, cuyo monto se ubicaría en los alrededores de los 3 mil millones de dólares. En el año 2016, Rosneft pagó 500 millones de dólares para incrementar su participación en la empresa mixta Petromonagas desde el previo 16,7% a un 40%. En el año 2017, el gobierno venezolano buscaba replicar aquellos cambios de contratos para obtener motos adicionales. Según explicaba Reuters, Rosneft le habría otorgado préstamos a la empresa petrolera estatal venezolana, PDVSA, que se ubicaban entre los 4 mil y los 5 mil millones de dólares.[37]

Más allá de la discusión sobre las jugadas judiciales del gobierno venezolano, sobre el carácter democrático de estas, y sobre las condiciones de acceso al petróleo venezolano ofrecidas a Rusia, había una discusión clave que parecía que no estaba siendo abordada: ¿Debía la oposición venezolana elaborar una estrategia para negociar con Rusia sobre estas operaciones? ¿Cuáles son los principales desafíos políticos de una negociación como esta? La aproximación a estas preguntas ya de por sí hablaría de la vocación de poder de la oposición y de su compromiso con un proyecto de país para la transición.

"Si no estás en la mesa, estás en el menú"

En la medida en que el juego político se aproximara a una salida negociada, como resultado de una mezcla de presiones internas e internacionales, era cada vez más perentoria la necesidad de que la oposición venezolana elaborara una estrategia política para la negociación con los principales acreedores del gobierno venezolano. En este grupo de acreedores destacaban los casos de China y Rusia. Frente a estos, la oposición venezolana debía tener un planteamiento que abordara temas escabrosos como las garantías a las inversiones previamente realizadas y las condiciones para garantizar las inversiones que están por realizarse. Y todo esto debía, a su vez, ser congruente con las bases institucionales del programa de reformas que deberá encarar un futuro gobierno. Y es precisamente allí donde yacían las principales disyuntivas y desafíos políticos de una probable transición.

Más que respuestas, la intención de estas líneas es proponer algunas de las interrogantes que podrían tener relevancia frente a este escenario:

- ¿Cuánto es posible y deseable intercambiar entre las garantías a condiciones previamente acordadas con China y Rusia y las condiciones de transparencia, de protección de los intereses nacionales (e.g., protección ambiental) y de incentivos a la inversión de largo plazo, que se desea imprimir de manera global a los contratos de participación privada en la explotación minera y petrolera?

- ¿Cuáles son las líneas gruesas de un marco regulatorio moderno, orientado a minimizar las conductas oportunistas y a crear una base de sustentabilidad para industrias sensibles como estas?
- ¿Cuáles mecanismos institucionales podrían facilitar la coordinación al interior de las facciones políticas relevantes en un nuevo escenario, de manera de poder otorgar credibilidad a las promesas y amenazas presentes en toda negociación?
- ¿Cómo vencer los escollos que la antipolítica significa para la credibilidad de la oposición?
- ¿Acaso las facciones de la oposición "moderada" deberán excluir a alguna facción "radical", como una manera de ganar credibilidad para las promesas y amenazas que lleven a la mesa de negociación?
- ¿Qué otros compromisos, en términos de movimientos visibles e irreversibles, debe realizar la oposición para ganar credibilidad en una eventual mesa de negociación?

Estas son apenas algunas de las primeras preguntas que debieran hacerse quienes desean mostrar vocación de poder, y capacidad para sobrellevar los aspectos políticos más sensibles de un proceso de transición. Y esto pasa por la elaboración de una estrategia para tener un puesto de relevancia en esa mesa. Venezuela podría estar llegando a un punto en el cual había que asumir la negociación sin pruritos y así mostrar que se tenía esa real vocación de poder. Digámoslo una vez más: Quien no está en la mesa, está en el menú. Sin la conciencia de esto, el período de lamentos podía ser más largo de lo que muchos pensaban.

19 VENTAJAS Y DESVENTAJAS DE LAS TÁCTICAS EXTREMAS DE PROTESTA

> "En la calle, el resplandor decae sensiblemente como
> si una delgada cortina hubiera sido corrida en silencio."
> Salvador Garmendia (Barquisimeto, Venezuela, 1928)

Es fácil predicar sobre las desventajas de la violencia como herramienta política, sobremanera cuando hay sólidos argumentos éticos y políticos a favor de las alternativas de lucha no-violenta o de resistencia pacífica. Pero uno tiene que haber estado en una confrontación colectiva con la policía, en una danza de piedras, insultos, gases lacrimógenos, arremetidas y huidas, para saber también de qué va el hechizo que se vive en esos momentos.

El juego de los riesgos, las escaramuzas, las cadenas improvisadas de acarreo de piedras y atención a los asfixiados, el paso de una ilusión de vanguardia al retroceso circunstancial, y la vuelta del deseo febril de regresar a la línea de fuego. Hay placer en poder escapar de las fauces policiales, con pocos segundos de diferencia entre el tormento de golpes, porrazos, perdigones, torturas y la sensación de sentirte a salvo en la frontera del miedo y del dolor. Es la ilusión de estar peleando la batalla decisiva contra las fuerzas de la oscuridad, contra unos esbirros del poder que conviertes en la representación física de muchas ideas deleznables.

La adrenalina te droga. El teatro de la guerra te convierte en un héroe fugaz. El escape de la boca del volcán te hace reír, temblando, con el regocijo enfermizo que produce la certeza de la fragilidad y el alcance de las rendijas por las que ocurre el escape. El ardor del humo tóxico te seduce y te asfixia como si fuera una metáfora del amor: te embriaga, te intoxica, te enferma y te salva, y todo al mismo tiempo. Es fácil predicar sobre la inocuidad de estas trifulcas… sobre todo cuando no las has vivido.

Pros y contras de las tácticas de protesta violenta

Vivimos tiempos en que se ha globalizado la polarización política, y esta suele ser un combustible muy efectivo para el extremismo. Cuando nos polarizamos, el conflicto político comienza a expresarse como una guerra entre sistemas de valores morales que se ven a sí mismos como irreconciliables. En esta guerra, los ciudadanos se aglutinan en bloques que se oponen de manera radical y ven el juego como el anhelo del exterminio del rival, o la hegemonía cultural de una visión, que se pretende moralmente superior, sobre las visiones alternativas. La guerra comienza en el lenguaje, en cultivo del odio, en la descalificación de cualquier otro bando. Recientemente hemos visto elecciones que expresan esta polarización, que muestran cómo la política es empujada hacia la guerra.

El Brexit fue aprobado con 52% contra 48% de los votos. Aunque Donald Trump dominó los colegios electorales, el voto popular fue de 48,2% para Hillary Clinton y 46,1% para Trump. En las recientes elecciones de Ecuador, el candidato oficialista se impuso con 51,2% de los votos vs 48,8 para el candidato opositor. En el más reciente ejemplo, el presidente de Turquía, Tayyip Erdoğan, se impuso en un referéndum para expandir el poder presidencial con el 51,4% de los votos a favor vs 48,6% en contra.

En la mayoría de estos casos, la polarización política parece generar cajas de resonancia para estrategias de acción directa, por parte de los grupos que se oponen a gobiernos tiránicos o a ciertas mezclas de políticas, y estrategias de represión de la disidencia, por parte de aquellos gobiernos. En el juego político existe un equilibrio en el cual los rivales adoptan estrategias que implican un grado relevante de violencia, y sabemos que el resultado conjunto de este equilibrio es socialmente sub-óptimo. La coalición gobernante suele dominar con base en un alto grado de represión y las fuerzas dominadas buscan llevar a cabo acciones de resistencia y sensibilización, que son a menudo estigmatizadas como terroristas o subversivas.

Pero también existe otro equilibrio, en el cual el jugador con menos poder de coacción se desvía deliberadamente de la estrategia violenta, y lleva a cabo un tipo de acción directa pacífica, como las acciones de desobediencia civil, manifestaciones, huelgas, resistencia pasiva o boicots no violentos. Esta desviación unilateral puede entonces incrementar el costo de la estrategia violenta del jugador que acumula más poder (reduciendo el valor estratégico de la represión y las fuerzas de choque).

Venezuela, en Sudamérica, es un caso elocuente de estos juegos. Durante años se ha alimentado un proceso de polarización, de convencimiento de la supremacía moral de un bloque político sobre otro. En la medida en que la crisis económica y social ha erosionado la base electoral del gobierno, el bloque dominante, el chavismo, ha optado por boicotear las vías de expresión democrática de las fuerzas opositoras. Cuando esto ocurre, la expresión política es empujada hacia la acción directa. Pero hay argumentos robustos a favor de la acción directa pacífica o no-extrema.

Para analizar las ventajas y desventajas del uso de tácticas de protesta no-extremas, quiero partir de un papel de trabajo (working paper) dado a conocer en febrero de 2017, por los profesores Robb Willer, del departamento de sociología de Stanford, y Matthew Feinberg y Chloe Kovacheff, de la escuela de negocios de la Universidad de Toronto. Este trabajo se titula "Las tácticas extremas de protesta reducen el apoyo popular de los movimientos sociales". Estos investigadores se propusieron analizar cuáles son los efectos del uso de tácticas extremas, como medios para alcanzar los típicos objetivos de los movimientos que luchan por realinear las estructuras de poder de la sociedad.[38]

El análisis de Feinberg, Willer y Kovacheff (2017) toma como punto de partida a los hallazgos de investigaciones previas que encuentran que los activistas y dirigentes de los movimientos sociales suelen coincidir en dos grandes metas u objetivos:

1.   Se busca atraer la atención del público hacia la causa, como la vía para crear conciencia y preocupación sobre los problemas que se pretende solucionar; y

2.   Se necesita reclutar el mayor volumen posible de apoyo popular para la causa.

A partir de la realización de una serie de experimentos, Feinberg, Willer y Kovacheff (2017) encuentran soporte para la hipótesis de que los activistas enfrentan un importante dilema (o trade-off) en relación con el uso de tácticas extremistas de protesta. Por una parte, estas tácticas ayudan a los activistas a alcanzar la meta N° 1, en tanto la violencia es efectiva para atraer la atención del público (el sensacionalismo es un típico imán de la atención); pero por la otra, estas tácticas también reducen el apoyo del público a la causa y su disposición a sumarse al activismo en pro de esta (aleja de la meta N° 2), debido a que las tácticas extremistas erosionan la identificación del público con el movimiento social que las lleva a cabo.

Siguiendo la lógica propuesta por estos autores, una vez que las tácticas violentas permitieron alcanzar un grado relevante de conciencia o preocupación sobre la causa que impulsa al movimiento social, la misma violencia comienza a conspirar contra la suma de apoyos adicionales, provenientes de los segmentos inicialmente indiferentes o de las deserciones del bando contrario. Por una parte, muchas personas dentro universo que se desea conquistar sufren los efectos directos de las tácticas violentas (e.g., pérdida de tiempo, destrucción de bienes propios, daños a la salud, mayor dificultad para acceder a alimentos o servicios públicos). Por otra parte, la preferencia por tácticas violentas es una señal del grado de autoritarismo de los movimientos sociales que las llevan a cabo.

Como decíamos antes, el conflicto político que se observa en Venezuela en el primer semestre de 2017 se ofrece como una evidencia tan cruda como actual de este dilema. La difícil coyuntura económica, alimentada por una mezcla disfuncional de políticas públicas, ha reducido drásticamente el apoyo popular del bloque gobernante. La respuesta de las facciones en el gobierno ha sido buscar maneras de empujar a la oposición a la violencia, para que esto justifique la represión, la concentración de poderes y el consecuente cerco institucional de la oposición política.

La oposición, por su parte, ha llevado adelante un conjunto de protestas para colocar su causa en la opinión pública local e internacional, pero pareciera que es el momento de controlar la violencia (e.g., enfrentamientos callejeros, saqueos y destrozos de bienes públicos) para lograr el siguiente y decisivo objetivo: conquistar el apoyo de sectores moderados del oficialismo y de los segmentos de la población que han permanecido relativamente neutrales. Quisiera creer que esta conciencia está marcando los pasos de la estrategia de la oposición venezolana.

20 ¿CUÁNTO CUESTA UNA TRANSICIÓN POLÍTICA?

Ahora es febrero y la ciudad que habito está relativamente desierta. Febrero, acá, es como el agosto de mis recuerdos de un tiempo que ya parece muy lejano. Hoy me desperté, tomé unos cuatrocientos mililitros de agua, y me preparé un yogur descremado con duraznos, salvado de avena, granola y almendras (puede agregarse un toque de miel, si se desea un gusto más edulcorado que el durazno natural).

Un rato después estaba caminando sobre la cinta de una máquina, a siete punto tres kilómetros por hora. No es que me gusten mucho estas máquinas ni que haya perdido el gusto por caminar a cielo abierto, pero esta modalidad me permite caminar mientras leo, en una pantalla con una letra inmensa, el libro que a estas horas me tiene atrapado. Se titula Galveston, y su autor es un tipo llamado Nic Pizzolatto.[39] Quizás usted lo conozca; él es el guionista de la serie de televisión True detective. Aunque deteste la televisión, es recomendable ver al menos la primera temporada de esta serie.[40] Es magistral. Si la televisión no es una opción entonces no vea la fulana serie, pero siempre procure leer Galveston. Ambas son sórdidas y sublimes, como la Venezuela de los años 2016-2017, entre las noticias y nuestros recuerdos.

Ya sé que resulta decadente todo este cuento del agua, el yogur y el ejercicio. Pero como dice mi admirado anciano profesor de la escuela de medicina: "Solo una vida sana puede permitirte fumar marihuana de vez en cuando con tus amigos en la playa, a los setenta y ocho años de edad, mientras escuchas aquella vieja canción llamada Simpatía por el Diablo." (…) A estas alturas usted sabe que esta introducción es un burdo intento de engancharle, de sacarle por unos instantes de su cotidiana desesperación para captar su atención; así que dejemos la literatura para otro día y vayamos al tema que nos interesa hoy.

Imagínese que la realidad de mañana, eso que llamamos futuro, está compuesta por diversos posibles escenarios. Así, mañana podemos tener: a) Un caos similar al actual, pero un poco más estridente y bajo el mismo gobierno; b) una guerra a muerte con objetivos políticos concretos que engrosan unas estadísticas mucho más espeluznantes que las que observamos hoy; c) una renuncia presidencial que conduce a la convocatoria de elecciones anticipadas; d) una convocatoria a un referéndum revocatorio, cuyo resultado podría también conducir a unas elecciones anticipadas; e) una renuncia presidencial forzada que lleva a la sustitución del presidente por otro miembro de su propio partido; y así, cualquier otra situación que usted pueda imaginar.

La ruta entre el presente y cualquiera de las opciones (c) o (d), es lo que llamaremos "una transición política ordenada": una serie de reglas para pasar de una situación política a otra. Obviamente, estas reglas pueden ser más o menos dictatoriales o más o menos negociadas. Dictatorial significa que los que tienen las armas deciden lo que ocurrirá mañana, mientras que la negociación implica un acuerdo en el que los actores relevantes deciden unos mecanismos, con los que perciben que algo ganan aunque algo pierdan.

Imagínese ahora que despertamos un día en que se anuncian los términos de una transición negociada. La idea de estas líneas es explorar algunos de los elementos que debemos tomar en cuenta cuando pensemos en los costos de una transición política ordenada. No pretendo ser exhaustivo, por lo tanto solo me referiré a aquello que ahora me resulta más importante.

El primer punto a tomar en cuenta (aunque resulte obvio) es que toda transición negociada implica sacrificios. Y que, para soportar mejor estos sacrificios, es preciso distinguir entre el alcance de nuestros ideales absolutos y la posibilidad real de tener mañana una situación cualitativamente mejor que la de hoy. Esto sin duda es éticamente complicado pero es ineludible, sobremanera cuando el poder de fuego lo tienen quienes deben aceptar desprenderse de ciertos poderes, o limitarlos en el tiempo, por ejemplo llamando a unas elecciones anticipadas.

Un primer aspecto de los costos de una transición política surge alrededor de la negociación de lo que se denomina la "justicia transicional". Cuando una o más partes perciben que se han cometido abusos contra los derechos humanos, actos de corrupción o delitos de narcotráfico a la sombra de algún poder, entonces deben acordarse unos mecanismos para la investigación, procesamiento y eventual reparación de los daños causados. Como señalan quienes han estudiado estas cosas, en esta negociación suele haber un intercambio entre justicia y paz. La justicia es necesaria para otorgar confianza y credibilidad a la transición, y para generar incentivos virtuosos en el futuro, pero si la justicia amenaza demasiado a los que tienen las armas, entonces el costo de la guerra puede abaratarse para ellos.

Las experiencias de Chile o Sudáfrica muestran que límites dolorosos, y moralmente recriminables, a la justicia pueden ser parte del precio de la transición. Este es un costo que hay que prever. En Sudáfrica, bajo la luz amable de Mandela, se perdonaron crímenes atroces. En Chile, con la esperanza de ir quitando poder a los militares y de dejar atrás a diecisiete años de ignominia, se ha castigado a un número de ejecutores aunque muchos de los autores intelectuales han sobrevivido bajo un manto de secreto e impunidad.

Otra área de costos a tener en cuenta es la reacción de grupos o facciones que no se sientan representadas por los términos de la transición, y que posean poder de fuego o capacidad para la ejecución de actos de fuerza. Este es un peligro inminente en toda transición, que se acentúa en regímenes que han sacrificado el monopolio de la violencia ante grupos políticos con rasgos paramilitares. En Chile, por ejemplo, trece meses después de iniciarse el primer gobierno democrático posterior a la dictadura, fue asesinado el senador Jaime Guzmán quien había sido un colaborador clave de Pinochet. Un comando del Frente Patriótico Manuel Rodríguez se adjudicó la autoría de este atentado.

La tercera esfera de costos comprende a los costos financieros directos, que de una u otra forma salen de los bolsillos de los contribuyentes. Lo más evidente son las rentas que habría que entregarles a los militares, cuando estos tienen mucho que perder. En Chile, desde 1958 existe una ley que destina el 10% de los ingresos de Codelco, la productora de cobre estatal, a las fuerzas armadas para compras militares. El pequeño detalle es que los detalles de la ley son secretos y el presupuesto resultante está fuera del control parlamentario o de alguna otra esfera de control civil. En la transición desde la dictadura de Pinochet a la democracia, en 1990, uno de los elementos claves de la negociación fue la garantía de que esta ley, conocida como la Ley Reservada del Cobre, no sería tocada.

Piense, por ejemplo, en la empresa estatal venezolana Camimpeg (acrónimo de la Compañía Anónima Militar de Industrias Mineras, Petrolíferas y de Gas), creada en el año 2016 por el gobierno del presidente Nicolás Maduro para aumentar la participación de la Fuerza Armada Bolivariana en la renta petrolera, y entonces usted pudiera encontrar algunos paralelismos con el caso chileno.[41]

Estas son, apenas, tres de las aristas de los costos de una transición que deben ser tomadas en cuenta. Después de 17 años de monopolio chavista del poder, con todas las implicaciones que esto ha tenido para muchos, es natural que existan profundos resentimientos a ambos lados del tablero político. Si ocurriese una transición negociada, estos elementos emergerán de una u otra forma, y habrá que estar preparados para unas negociaciones en las cuales suele prevalecer el juego político por sobre el absolutismo de los principios. En este abismo que a veces es la vida, los valores son nuestro más preciado soporte y nuestra mejor herencia. Pero, desde Sun Tzu hasta la teoría de juegos moderna, enseñan que la ventaja de dejar al enemigo una vía de escape es que esto reduce su determinación de luchar.

94

21 LA TAREA DE ZAPATERO: POLÍTICA FICCIÓN EN VENEZUELA

El último día de octubre de 2016, el termómetro de la ebullición política en Venezuela tocaba una de sus más altas cotas de los últimos meses. Algunos habían aprendido a no esperar nada mientras otros, por fortuna, habían cultivado una confianza mínima. Pero lo cierto es que nada de esto le importaba a ella. Justo antes de desaparecer, Emiliana (nombre ficticio) aún intentaba borrar huellas, desviar la atención en otras direcciones, eludir la más simple mención de su nombre.

En aquel momento, conocer la información que ella conocía se había convertido en un pasivo, en una cuenta por pagar. Varios de sus contactos habían muerto en condiciones demasiado normales. Dos horas más tarde, sin embargo, el mensaje ya había sido entregado e inevitablemente se habían disparado los mecanismos que producirían los próximos acontecimientos.

Yo también me propuse olvidar a Emiliana, y ya creo que lo estoy logrando. Prometo que esta será la última vez que la mencione. De lo que ya no puedo deshacerme es de sus enseñanzas, particularmente del método de análisis y de la idea de que estos juegos no son como el ajedrez, en el que dos jugadores alternan estrategias frente a un tablero descubierto, con rutas preestablecidas para los movimientos de cada pieza o ficha. (El caballo se mueve siempre en eles formadas por cuatro casillas. El alfil se desplaza en diagonal y no puede saltar.) El juego político sería más bien como el póquer o el truco: un juego de información oculta, de engaños, señales y especulaciones.

A estas alturas, usted ya sabe que hay una negociación política en ciernes en Venezuela. El mismo Papa Francisco envió a un cercano emisario a Caracas para facilitar las conversaciones, y tres expresidentes se han desplazado hasta la capital venezolana para asistir directamente en el proceso.

Todas las veces que hablamos sobre el conflicto venezolano, Emiliana me decía que una de las claves para entender este juego pasaba por contestar estas preguntas:

- ¿Cuál es la facción a la que está representando el expresidente español José Luis Rodríguez Zapatero?
- ¿Cuáles son los intereses de esa facción?
- ¿Cuántos aliados clave dentro del chavismo puede conseguir esa facción?

Usted seguro también sabe que el expresidente Zapatero ha tenido un rol clave, controversial pero clave, en el desarrollo del proceso de diálogo y sobre todo en su desenlace más reciente.

Antes de desaparecer, Emiliana me contó sobre la hipótesis que mejor le cuadraba para responder estas preguntas. Ahora yo trataré de contársela a ustedes de la manera más fiel posible:

Zapatero no se representa solo a sí mismo, ni estaría buscando más poder ni dinero del que ya tiene, como piensan algunos opositores medio miopes. Zapatero pudiese ser el mensajero de un sector de la izquierda global que perdería mucho si el chavismo venezolano degenera en una neodictadura latinoamericana. Ya hay un camino recorrido en esa dirección, pero aún podría haber tiempo para revertirlo.

Si el chavismo encalla definitivamente en el lodo dictatorial, entonces movimientos o nuevos partidos como los liderados por Evo Morales (Bolivia), Pablo Iglesias (España) o Rafael Correa (Ecuador), pagarían un alto costo reputacional derivado de su vinculación histórica, filosófica, e incluso personal, con las ideas eficientemente propagadas por Hugo Chávez.

Zapatero bien podría entonces ser el emisario de este grupo, cuya tarea probablemente sea la de coordinar con un sector del chavismo y lubricar un escenario electoral, que aunque implique una transición puntual en Venezuela, permitiría limpiar la cara democrática de la nueva izquierda populista global.

"No pareciera difícil que Zapatero pueda conseguir aliados dentro del chavismo" -señalaba repetidamente nuestra desvanecida amiga. "Principalmente aquellos que le apuesten a mantener posibilidades electorales en el futuro, antes que jugarse el poder en un juego de todo-o-nada."

Incluso Emiliana iba más allá y señalaba que el Papa Francisco bien podría ser un aliado de Zapatero en esta tarea.

"Comprender qué diablos pinta Zapatero en todo este largo proceso, es un elemento clave para comprender hacia dónde avanzará el juego en los próximos días", repetía Emiliana dos semanas atrás.

Como suele ocurrir, estas son solo algunas conjeturas dirigidas a traer un poco de luz a un escenario que ha estado demasiado poblado de sombras, tratando de comprender mejor el juego. Abundan los relatos realistas, las crónicas, las explicaciones fáciles y las frases hechas. Lo verdaderamente escaso es el análisis que dibuja claramente los contornos de los intereses en juego y proyecta, de manera adecuada, los escenarios de confluencia o divergencia de estos intereses (y en esto Emiliana es una artista).

"Algunos intereses de la izquierda global pudieran estar coincidiendo con los objetivos de la oposición venezolana, más de lo que mucha gente pudiera sospechar", fue lo último que dijo al despedirse.

Gracias Emiliana, donde quiera que estés, por mostrarme cómo es que se persigue a las preguntas apropiadas.

CAPÍTULO I. ENSAYOS

SECCIÓN C.   CONJETURAS

22 LAS REDES SOCIALES ESTÁN DESTRUYENDO LA CIVILIZACIÓN

Lo más triste es cuando te das cuenta que una de las pocas cosas que te consuelan de tu vida miserable es tu eco en las redes sociales. Tú tienes una mirada de la situación política, unas ideas sobre cómo enderezar a este retorcido planeta, o a tu golpeado país, o a tu áspera ciudad, y entonces comienzas a escuchar a tus amigos en Facebook o a quienes sigues y te siguen en Twitter, y de pronto comienzas a confirmar tus opiniones, reflejadas en lo que dicen quienes piensan como tú, y te parecen adorables porque piensan como tú, y sin darte cuenta estás en una tribu de "amigos" que piensan como tú, al cabo de lo cual entre todos ustedes se confirman que son poseedores de una verdad, porque "no puede ser de otra forma si todos pensamos igual y es lindo estar de acuerdo", y sentirte parte del Club de la Verdad te hace sentir que estás claro, que has comprendido cosas que un montón de ignorantes desechables no comprenden, y esto te trae una satisfacción que recuerda al orgasmo o al subidón de ciertas drogas, entonces lo mejor es desterrar o bloquear a los ignorantes equivocados brutos cerdos que no comprenden nada, y entonces resulta que así es como evalúas la política, así es como votas por determinados candidatos, así es como te explicas el porqué de los problemas sociales, así es como eres fiel a tu locutor de radio preferido, o a tu programa de noticias predilecto y así terminas, junto a otros como tú, eligiendo a un presidente de la república o a un primer ministro, o apoyando políticas xenófobas o aislacionistas, o gritando frenéticamente junto a una masa de autómatas que apoyan la pena de muerte y la expulsión de los que profesan la otra religión, o gritando como un hincha contra el aborto en caso de riesgo de muerte de la madre, o apoyando con paroxismo a los diputados que piensan que la delincuencia se minimiza si los policías tienen más prerrogativas para detener a las personas, sin que haya sospechas basadas en una investigación, porque ellos saben, porque ellos han aprendido que hay rasgos o vestimentas o colores de piel o tatuajes que identifican a los delincuentes, o creyendo fervientemente que las amenazas a las empresas que producen fuera del país ayudarán a incrementar el empleo local de manera sana y sostenida, o que denigrar de los extranjeros nos hará más seguros, o que obligar a las empresas a fijar determinados precios ayudará a bajar la inflación o a tener productos más baratos.

Cámaras de eco

Una Cámara de Eco, en la jerga de los estudiosos de los medios de comunicación, es una metáfora que permite describir aquellas situaciones en que información, ideas o creencias son amplificadas por transmisión y repetición en un sistema cerrado, en el cual todas las visiones diferentes o rivales son censuradas, prohibidas o representadas como minoritarias, falsas o equivocadas. Este término es una analogía de las cámaras de eco acústicas, en las cuales los sonidos reverberan al chocar contra paredes opuestas.[42]

Cuando esto depende de nuestras propias decisiones, parece inevitable que nos adentremos en estas cámaras. Para evaluarlo, si tienes cuenta de Twitter, puedes pensar en cómo es el proceso mediante el cual decides a quién seguir, a quién y por qué dejar de seguir y a quiénes bloqueas o te bloquean. Hay posturas u opiniones que en determinados momentos resultan tóxicas o insoportables. En el mejor de los casos las puedes ver como otra mirada, también puedes ignorarlas y hacer que te resbalen como si chocaran contra un cristal lubricado, pero muchas veces es difícil tolerar la repetición de lo intolerable.

Ahora imagínate lo que ocurre si la propia red social que visitas a diario, Facebook o Twitter, por ejemplo, selecciona lo que aparecerá en tu pantalla según la frecuencia de tus clics o *likes*. La cámara se cierra, el sonido se magnifica y el eco aumenta su terca repetición. En relación con determinados temas esto es trivial o benigno. Pero piensa en su efecto en tus decisiones políticas, en las explicaciones de causa-efecto que comienzas a creer como ciertas sobre temas de políticas públicas. ¿Cuál es la mejor política pública para reducir la delincuencia, o para elevar el empleo de manera poco distorsionante, o para que haya más igualdad de oportunidades, o para que tu país sea más seguro frente a las amenazas terroristas, o para enfrentar el cambio climático? Pregúntate si razonar desde una cámara de eco puede conducir a malas decisiones colectivas sobre los temas mencionados. En este punto, el asunto deja de ser trivial.

En un reciente artículo, titulado "Cámaras de eco en Facebook", Walter Quattrociocchi (del Laboratorio de ciencia social computacional de Lucca, Italia), Antonio Scalia (del Instituto de sistemas complejos de Roma) y Cass

Sunstein (de la Escuela de leyes de Harvard), presentan los resultados de una investigación sobre la existencia de cámaras de eco en las redes sociales. Este estudio se enfocó en cómo los usuarios de Facebook, tanto de EEUU como de Italia, se relacionan con las narrativas clave sobre ciencia y teorías de la conspiración, y para su análisis evaluaron los comportamientos alrededor de 478 páginas de Facebook en los EEUU y 73 en Italia, relacionadas con noticias clave en los ámbitos referidos. Para tener una idea de las dimensiones de la interacción alrededor de estas páginas, los investigadores reportan que el número total de likes de las páginas estudiadas fue de poco más de 9 millones, en el caso de Italia, y de 603 millones, en el caso de EEUU.[43]

Uno de los hallazgos más elocuentes del trabajo de estos investigadores fue que, tanto en relación con la ciencia como con las teorías conspirativas, las explicaciones intencionalmente falaces son comúnmente aceptadas y compartidas entre usuarios, y la información que desacredita a los planteamientos falaces es sistemáticamente ignorada. Encontraron también que explicaciones falsas o inexactas se diseminan rápidamente entre muchos usuarios que piensan de manera similar, que esto genera una suerte de "cascadas informacionales" en las cuales la información falsa corre en una dirección y regresa generando su confirmación, todo esto confinado dentro de cámaras de eco. En particular, se encontró que cuando los usuarios discuten estos temas en-línea, dentro de estas cámaras de eco, sus creencias se tornan cada vez más extremas o polarizadas: mientas más largas son las discusiones, los sentimientos y emociones mostrados tienden a ser más negativos.

Finalmente, estos investigadores encontraron que, con respecto a los temas estudiados, se forman comunidades de usuarios que piensan de manera similar y que estas comunidades son relativamente cerradas, en el sentido de que no interactúan unas con otras. Por ejemplo, quienes están a favor de una teoría conspirativa interactúan solo con quienes comparten su visión, y no se comunican ni interactúan con quienes tienen opiniones contrarias.

Conclusiones

Aunque hay claras limitaciones en los datos estudiados por los autores citados, estas investigaciones constituyen señales de alarma sobre la relación entre nuestras apreciaciones y las cámaras de eco que se generan en las redes sociales. En estos espacios virtuales, resulta mucho más fácil escapar de la interacción con puntos de vista opuestos o distintos, sobre todo si lo comparamos con la interacción física en espacios como universidades o foros presenciales de discusión.

En términos del desarrollo de los espacios cívicos y ciudadanos en los cuales las sociedades discuten los temas políticos relevantes, un aspecto que resulta clave es que puedan abrirse posibilidades para evaluar temas delicados o neurálgicos con base en el razonamiento moral, lo cual implica escuchar opiniones distintas, evaluar las explicaciones y propuestas de política con base en los hallazgos estadísticos y cualitativos provenientes de las academias, y en exponernos a una diversidad de opiniones, estudios y explicaciones metodológicas.

Esto último pareciera que puede ser cercenado si caemos presa de los efectos de manada, y de los comportamientos de tribu que son exacerbados por la dinámica de las redes sociales. Por supuesto, no se trata de abjurar acríticamente de estas, observando solo sus riesgos y no sus grandes beneficios, pero es importante observar con detenimiento cuáles son las dinámicas circulares que podrían constituirse en una base homogénea y acrítica de nuestras decisiones colectivas.

23 ¡CUIDADO CON LA REGULACIÓN DE LA ECONOMÍA "COLABORATIVA"!

"Economía colaborativa" es la más común traducción de la expresión en inglés *sharing economy*, la cual define a la dinámica económica que caracteriza a plataformas innovadoras como Airbnb y Uber.[44] Ambas empresas representan innovaciones disruptivas de los modelos de negocio de industrias globales como la del hospedaje y la del transporte personal.

Usted ha sido testigo de cómo el caso de Uber ha ganado presencia en los medios de comunicación, en las conversaciones de amigos y en ciertos círculos académicos. Con frecuencia, algún amigo comenta sobre Uber, o esta empresa es protagonista de programas de televisión, radio, artículos de prensa o menciones en las redes sociales.

Algo similar ocurre con Airbnb. Deslumbra que alguien pueda arrendar una villa en la campiña italiana, de una manera muy sencilla y directa, con información clave suministrada por huéspedes anteriores y a un precio sorprendentemente bajo.

Pero tanta sorpresa invita a la controversia. ¿Son estas plataformas los ejemplos de cómo la tecnología beneficia a los consumidores con mayor competencia, menores precios y multiplicación de las opciones? ¿O son espejismos que ofrecen precios atractivos sobre la base de la evasión de impuestos y regulaciones, significando mayores riesgos y costos de largo plazo para los consumidores y otros actores sociales? ¿Son Uber y Airbnb empresas futuristas sujetos de la reconfiguración de los mercados o son jugadores que compiten con las ventajas de la evasión regulatoria?

Digamos que estas interrogantes dibujan las dos posiciones más esbozadas en la opinión pública:

1.	La de "camino-libre-para-el-innovador/emprendedor"; y
2.	La de "regulación-para-igualar-la-cancha-y-mitigar-las-fallas-del-

mercado".

Ambos extremos se prestan para encarnar la frase simple, el eslogan, las reducciones que suelen facilitar la caricaturización de los problemas. Uber o Airbnb traen consigo importantes ganancias de eficiencia en el uso de los recursos y en el bienestar de los consumidores, pero también implican costos y asimetrías que deben ser mitigados. El problema es que estas plataformas rompen paradigmas sobre el comportamiento de empresas y consumidores en los mercados en que germinan.

Por ello, necesitamos comprender mejor la naturaleza de las innovaciones, su impacto en el comportamiento de los actores, las lagunas que inevitablemente deban ser atendidas por la regulación y los problemas que propicia la intervención del Estado.

Economía "colaborativa", dinámicas autorreforzadas y eficiencia

El primer arrebato seductor de la llamada economía "colaborativa" se basa en ofrecer a las personas posibilidades para monetizar (o dar un mejor uso) a una serie de activos subutilizados. A mucha gente le sobra tiempo, habitaciones o espacio en sus viviendas, autos o destrezas, y en ausencia de mecanismos para compartirlos, estos recursos se pierden o permanecen parcialmente utilizados. Entonces ocurrió que, hace unos años, algunas personas comenzaron a pensar en formas de compartir estos recursos que implicarían importantes ganancias sociales.

Caso 1: Uber

En el año 2009, un par de jóvenes de 28 y 30 años diseñaron el primer prototipo de una aplicación para celulares que permitía conectar a conductores, que deseaban ofrecer servicios de transporte, con personas que requerían ser desplazados de un punto a otro de manera rápida, confiable y a un precio razonable.

En particular, Uber sería una empresa orientada a satisfacer a un "mercado de dos lados" (*two-sided market*), en el cual la empresa atiende simultáneamente a los conductores y a los pasajeros, sobre la base de entregarles valor relevante a cada uno a partir de una serie de mecanismos autorreforzados, que hicieran que un número creciente de conductores quisieran trabajar con Uber y que un número creciente de pasajeros quisiera desplazarse con Uber. La clave del éxito estaría en maximizar el número de conexiones entre los dos lados de su mercado y en monetizar estas conexiones de tal manera que todas las partes percibieran el juego como ganar-ganar.

Esto fue exactamente lo que lograron los cofundadores de Uber, Garrett Camp[45] y Travis Kalanick[46], quienes para el año 2015 y sumado a todo el goce generado por ver crecer de esa manera a una idea, habían logrado amasar fortunas de 6.000 y 6.200 millones de dólares, respectivamente.

Uber entonces diseñó y puso en práctica en muchas ciudades un modelo de negocios que, por una parte, entrega satisfacción diferenciada a muchos clientes históricos de servicios de traslado (ej. taxi) y ha traído como nuevos clientes a este negocio, a personas que previamente no usaban este tipo de servicios, sobre la base de lograr tiempos de respuesta extremadamente cortos. Por la otra parte, Uber ha atraído a un inusitado número de personas a ofrecer servicios como conductores, de una manera flexible, lucrativa y con relativa independencia.

La confluencia de estas atractivas propuestas de valor ha disparado el proceso de atracción mutua:

- Mientras los pasajeros descubren que es posible obtener un servicio confiable y expedito, más pasajeros desean comprar este servicio;
- Mientras más pasajeros demandan el servicio de Uber, más atractivo es para los conductores asociarse a la plataforma;
- Entonces se completa el ciclo: Mientras hay más conductores disponibles esperando por contactos, más expeditas e inmediatas se tornan las respuestas a los pasajeros, incrementando la satisfacción y la disposición a usarlo.

Este es uno de los procesos autorreforzados clave.

El otro es el sistema de evaluaciones mutuas, públicamente disponibles, que refuerza la confianza y la calidad de servicio del sistema:

- Los pasajeros evalúan a los conductores de manera personalizada, y estas evaluaciones están disponibles on-line. Evaluaciones negativas conducen a la expulsión de los conductores de la plataforma.
- Los conductores evalúan a los pasajeros de manera personalizada, y estas evaluaciones están disponibles para los conductores. Evaluaciones negativas conducen a la expulsión de los pasajeros de la plataforma.
- Los conductores entonces tienen incentivos a prestar un servicio que deje satisfechos a los pasajeros, y los pasajeros tienen incentivos a ser educados y tratar bien a los conductores.
- La conjunción de experiencias satisfactorias alimenta el valor percibido por cada jugador por pertenecer a la red implícita en la plataforma.

Caso 2: Airbnb

San Francisco, California, Agosto de 2008. Tres emprendedores, Brian Chesky[47], Joe Gebbia[48], y Nathan Blecharczyk[49] llevaron adelante una idea sencilla y potente. El año anterior, Brian Chesky y Joe Gebbia debían asistir a una conferencia de diseño, pero tenían dificultades para cubrir los gastos de hospedaje asociados a esta. Así que tuvieron la idea de arrendar una parte de sus propias viviendas para obtener recursos para los gastos de la asistencia a la conferencia.

El éxito de la experiencia les motivó a traducirla en una idea de negocios, y entonces se asociaron con Nathan Blecharczyk, programador informático, para desarrollar una aplicación que cambiaría la manera como encontramos hospedaje al viajar. Inicialmente, Airbnb se concentró en la gestión de espacios compartidos en viviendas, pero pronto se amplió a viviendas completas, villas y hasta castillos. En el año 2015, Airbnb había alcanzado un valor accionario de 2.300 millones de dólares y una valoración de mercado de 25.500 millones de dólares. Actualmente, tiene más de un millón de posibilidades de hospedaje listadas, en 190 países.[50]

El modelo de negocios de Airbnb tiene elementos comunes con lo que dibujamos cuando hablamos de Uber. Se trata de un servicio que busca entregar valor a un mercado de dos-partes, a huéspedes y propietarios, de manera que los propietarios obtienen un ingreso arrendando sus activos subutilizados (espacios en viviendas, o viviendas completas durante cierto tiempo) y los huéspedes acceden a una multiplicidad de opciones de hospedaje, a precios relativamente bajos.

De manera análoga al caso de Uber, uno de los ejes clave del modelo de negocios es el uso de un mecanismo autorreforzado que genera un círculo virtuoso de satisfacción para todas las partes del mercado. Una aplicación que te ofrece una multiplicidad de opciones, con información sobre las evaluaciones históricas de los huéspedes, al tiempo que entrega información a los propietarios sobre la calificación de sus huéspedes. Bajo este esquema, bajas calificaciones conducirían a salidas del sistema. Esto entonces crea incentivos para ofrecer calidades ajustadas a los diferentes niveles de precios mientras disciplina a los jugadores del mercado.

¿Qué argumentos económicos podrían justificar la regulación de estas plataformas?

Externalidades

Una de las principales fuentes de preocupaciones sobre los resultados de los mercados es lo que se conoce como Externalidades. Se dice que hay una externalidad cuando existe una diferencia significativa entre los costos (o beneficios) que recaen en toda la sociedad, "costos (o beneficios) sociales" derivados de la producción o consumo de algo, y los correspondientes costos privados relevantes para la decisión de producción o consumo. A estos últimos se les llama "costos (beneficios) privados". La divergencia entre estos dos elementos hace que el bien o servicio se produzca en exceso o con déficit.

Uber

Las externalidades alrededor de Uber son principalmente de dos tipos: a) Costos externos derivados de la perspectiva de conductores y vehículos inseguros; y b) Costos externos derivados de la perspectiva de conductores sin seguro o sub asegurados.[51]

El primer tipo de externalidad se refiere a los riesgos adicionales generados por conductores y vehículos. En algunos países, a los conductores de vehículos para transporte se les exige un tipo de licencia especial, la cual implica un entrenamiento más exigente que lo requerido para conducir vehículos con fines particulares. De manera análoga, a los vehículos destinados a servicios de transporte se les exigen revisiones más frecuentes.

El segundo tipo de externalidad es enfrentado exigiendo una cobertura de seguro para actividades comerciales que cubra a los conductores siempre que estén conduciendo para los objetivos de la plataforma.

Airbnb

Las principales externalidades alrededor de Airbnb son: a) Costos para el vecindario (molestias de los huéspedes, uso adicional de bienes públicos escasos –e.g., puestos de estacionamiento- y poco cuidado de bienes públicos derivado de los escasos lazos locales); y b) Costos derivados de la reducción de la oferta de apartamentos y casas para arrendar a plazos largos (e.g., mayores tasas de arriendo o alquiler).

Asimetrías de información

Un segundo tipo de fuentes de reclamos de regulación son las asimetrías en la información sobre el estado de los vehículos y viviendas, sobremanera en aspectos que no son detectables a simple vista. Por ejemplo, el estado de los sistemas de frenos de los vehículos o las precauciones anti-incendios de las viviendas.

Ingresos tributarios perdidos

Finalmente, tenemos el tema de los impuestos que son aplicados a los proveedores tradicionales (líneas de taxi u hoteles), pero que no son pagados a partir de las transacciones de plataformas como Uber o Airbnb. En algunas ciudades, hay impuestos municipales aplicables a cada servicio de las líneas de taxi o cobros por licencias de taxistas, o impuestos por habitación arrendada.

¿Qué más se debe ponderar para elegir una estrategia regulatoria?

Eficiencias[52]

El primer aspecto clave a tomar en cuenta son las ganancias en la eficiencia en el uso de los recursos que trae consigo esta nueva variedad de modelos de negocio y propuestas de valor.

a) Los costos de transacción son reducidos de manera importante al facilitarse la gestión, directa y sencilla, de la comunicación entre clientes y proveedores;

b) Mejora la asignación de recursos, a partir del uso de recursos subtilizados, como cuando se arrienda un departamento durante un fin de semana en que los propietarios viajan, o cuando se usa un mismo vehículo para distintos fines (personales y comerciales), lo cual reduce los tiempos de traslado e incrementa la disponibilidad del servicio;

c) Eficiencias en el uso de la información tienen un impacto significativo en el manejo de la reputación y en la facilitación de la rendición de cuentas, en tanto de revela información que suele estar oculta en el modelo de negocios tradicional, lo cual desincentiva los comportamientos no deseados; y

d) La disponibilidad de información en tiempo-real permite adecuaciones relativamente instantáneas entre los precios y las condiciones de la demanda, lo cual permite reducir muy rápido los desequilibrios entre oferta y demanda.

Todas estas ganancias de eficiencia, agregadas y ponderadas por el tamaño de los mercados, implican un valor agregado significativamente grande para consumidores y propietarios de activos subutilizados. En algunos casos, las eficiencias alcanzadas incentivan la autorregulación, reduciéndose algunas externalidades. Particularmente, los mecanismos autorreforzados basados en revelación de información creíble, disciplina la conducta de los proveedores y reduce el riesgo al que se exponen los usuarios y los terceros.

Los costos de la regulación

La regulación suele tener como objetivo la salvaguarda del interés público, pero detrás de esta intencionalidad suelen también esconderse los deseos de capturar rentas a partir de barreras a la entrada. Cuando la regulación genera ciertas protecciones y "seguridades" para algunas empresas en determinadas industrias, entonces los intereses ganadores se ven motivados a organizarse para proteger políticamente las ventajas regulatorias.

Además, las tensiones políticas alrededor de la regulación y las agencias encargadas de administrarla pueden anquilosar los paradigmas regulatorios. Esto se traduce en cierta miopía para detectar, y lentitud para abrir las puertas, a soluciones producidas desde el interior de los mercados.

El segundo tipo de costos de la regulación son los precios más altos y la menor disponibilidad de opciones que pagamos los consumidores en los mercados regulados. Por ejemplo, un objetivo de la regulación que busca mitigar las externalidades negativas es que se reduzcan las unidades transadas y se incremente el precio de los productos. Esto acercaría los costos privados a los costos sociales que incluyen lo negativo de la externalidad.

Las alternativas a la regulación

Como hemos observado, la introducción de mecanismos autorreforzados, con base en opciones posibles gracias a la tecnología, puede resolver algunos de los problemas para los cuales fue diseñada una regulación. Por ejemplo, algunos objetivos de seguridad de los pasajeros, que antes se pensaba que podían ser alcanzados solo a partir de la regulación, pueden alcanzarse gracias a la autorregulación inducida por las evaluaciones mutuas acumuladas públicamente en algunas de las plataformas. Las evaluaciones personalizadas, y el costo de expulsión del sistema asociado a estas, inhibe determinados comportamientos que estaban presentes cuando se operaba bajo el paradigma tradicional.

¿Dónde tendría sentido mantener exigencias regulatorias y cómo la regulación debe mutar para ajustarse a las innovaciones?

En primer lugar, en la cobertura de aquellas externalidades que no sean mitigadas por la autorregulación inducida por los mecanismos descritos. Principalmente, en casos en los cuales exista evidencia empírica que soporte la existencia de costos sociales relevantes, no reducidos por la dinámica del nuevo paradigma.

Temas como la necesidad de exigir coberturas de seguros comerciales redimibles para los vehículos particulares usados en Uber, o el pago de impuestos específicos (por tramo de transporte contratado o habitación vendida), semejantes a los pagados por las líneas de taxi, parecen elementos que deben ser exigibles para las empresas de la economía "colaborativa". Hay evidencia de que empresas como Uber o Airbnb ya han internalizado prácticas, procesos y requerimientos para ajustarse a este tipo de regulaciones. Esto les otorga legitimidad política en un escenario de controversias públicas y presión de grupos de interés.

La regulación tradicional es también desafiada para avanzar en su modernización. Por ejemplo, algunas ciudades han creado nuevos criterios de zonificación para áreas donde las viviendas pueden adscribirse a Airbnb, y áreas "libres-de-Airbnb". Algunos autores argumentan que esto permite que en el largo plazo las personas puedan "votar con los pies" y elegir el tipo de zona en la que desean vivir, reduciéndose las externalidades sufridas por aquellos que sufren los costos y perciben que reciben pocos beneficios de estos nuevos modelos de negocio.

Las ganancias sociales producidas por estos novedosos modelos de negocio son tales que la regulación debe ajustarse para reconocer la virtual desaparición de algunos problemas, las presiones que sólo buscan conservar rentas y las posibilidades de usar toda la nueva información, disponible en estas plataformas, para alcanzar objetivos sociales con un menor grado de intervención e ineficiencias inducidas por la regulación.

24 LA FUNCIÓN POLÍTICA DE LA DISCRIMINACIÓN

Una nueva ola de discriminación recorre el mundo y sus manifestaciones políticas son evidentes: El Brexit, la elección de Trump, el crecimiento de las opciones electorales de partidos y candidatos ultranacionalistas (e.g., Le Pen en Francia, AfD en Alemania) son apenas algunos síntomas de un resurgimiento de los valores que invocan el lado insultante de las diferencias. Misoginia, xenofobia, racismo u homofobia son los nombres de algunas de sus manifestaciones, esas que hoy son defendidas sin pudor por exitosos jugadores políticos.

Las recesiones macroeconómicas y sus manifestaciones familiares concretas, el terrorismo y la criminalidad, las oleadas de inmigrantes que disputan el empleo y los subsidios, todo esto ha disparado las apetencias por programas políticos que enarbolan la discriminación con desenfado. Como una simple y pequeña muestra podemos señalar que, hace apenas unas horas, Donald Trump designó a Stephen K. Bannon[53] como el estratega de su equipo de gobierno (Jefe de Estrategia de la Casa Blanca). Resulta que Bannon había sido acusado en noviembre de 2016 de ser el cerebro de los mensajes racistas, del antisemitismo y la misoginia expresados por Trump durante la campaña electoral.[54] Vinculado a los medios, Stephen Bannon ha sido pontífice del espíritu de la supremacía blanca y demás farsas seductoras.

Pero más allá de los visos más o menos políticamente correctos del discurso, hay una arista que me interesa alumbrar en estas líneas: el uso político de la discriminación, por parte de un grupo de individuos, como una herramienta dirigida a minar el poder de negociación de los individuos clasificados dentro del grupo depauperado.

En todas las sociedades, unos grupos discriminan a otros con base en rasgos físicos visibles asociados al origen étnico, el género, las preferencias sexuales o las costumbres religiosas. El argumento central es que estas conductas discriminatorias son tan resilientes debido a que cumplen una función política central: deprimir el poder de negociación de eventuales competidores, usando los prejuicios y los estereotipos como base de una estrategia deliberada de denigración.

Según datos presentados por el Pew Research Center, entre 1980 y 2015 el salario de las personas negras en los EEUU ha sido el 73% del salario de las personas de piel blanca. En el caso de los latinos, su salario representa un 70% del salario correspondiente a los blancos. Y lo que es peor, estos porcentajes fueron similares durante los 35 años de estadísticas evaluadas. Algo parecido ocurre con las mujeres frente a los hombres: El salario femenino era entre un 20% y un 40% menor que el salario masculino, dependiendo de su tipología étnica.[55] En Europa la situación no era significativamente diferente.[56]

La idea que les presento hoy acá es que la discriminación tiene una función política central, y esta función consiste en la creación de mecanismos que protejan a unos grupos de la competencia por los salarios y, eventualmente, de la competencia por el poder político de una sociedad. Bajo este punto de vista, la discriminación sería entonces una estrategia anticompetitiva similar a la introducción de barreras arancelarias o de barreras de entrada en los mercados.

Las barreras de acceso a determinadas redes sociales de estatus y poder, o las trampas de discriminación estadística[57], serían sólo algunos de los mecanismos que le otorgan resiliencia a la discriminación.

Esta es entonces la cara más deleznable de los vientos políticos que estamos observando: Con la depauperación económica y las amenazas terroristas y criminales se crea un ambiente propicio para el renacimiento de la política de la discriminación. Y una vez que la discriminación está operando, los privilegiados pueden obtener una tajada de la torta mayor que los discriminados y esta distribución alimenta, a su vez, a los mecanismos que la perpetúan. Al final se trata de una vulgar conspiración para expropiar poder de negociación y, por ende, poder político.

Por esto, la lucha contra la discriminación de las mujeres, de los inmigrantes o de los gays es una postura política liberal: Porque se trata de derrumbar unas barreras a la competencia que están construidas sobre prejuicios y estereotipos, que pueden vestirse de nacionalismo o de protección de la familia tradicional, pero que solo buscan alterar, con base en subterfugios inaceptables, la distribución del poder político en una sociedad.

25 ¿POR QUÉ GERMINAN FÁCILMENTE ALGUNAS TEORÍAS CONSPIRATIVAS?

A propósito del Caso "Pizzagate".

El domingo 4 de diciembre de 2016, Edgar Maddison Welch se despertó con la decisión de hacer justicia por su propia mano. Al mediodía, tomó su pequeño arsenal y se dirigió hacia una pizzería situada en el noroeste de Washington, la capital estadounidense, dispuesto a investigar una conspiración que había sido revelada durante la reciente campaña electoral. En el asiento del copiloto colocó un rifle de asalto AR-15, un revolver Colt calibre 38, una escopeta calibre 12 y un cuchillo especial para degollar con un solo trazo.

A las 2:30 pm, Welch atravesó el umbral de la pizzería Comet Ping Pong y encañonó a Dave Ayoub, un empleado que aún tenía las manos salpicadas de harina de trigo italiana. Ante la mirada estupefacta de Ayoub, Welch apuntó el fusil AR-15 hacia la pared a su izquierda y disparó una ráfaga destrozando las fotos que mostraban a varios actores de hollywood mientras comían las pizzas más emblemáticas del local. Por fortuna, Welch se rindió a los pocos minutos y abandonó el local con las manos en la cabeza antes de que alguien resultara herido.[58]

Todo comenzó cuando, en la vorágine de la campaña presidencial, David Goldberg, un abogado neoyorquino partidario de Donald Trump, escribió en su cuenta de Twitter acerca de supuestas filtraciones de la policía de Nueva York que supuestamente confirmaban la existencia de una red de pedofilia vinculada a Hillary Clinton. El tuit de Goldberg fue retuiteado más de 6.500 veces y algunos portales dedicados a difundir noticias falsas contribuyeron a propagar la apócrifa existencia de una red de pedófilos que operaría en varios restaurantes de la capital estadounidense. Uno de estos locales fue el elegido por Welch para su vendetta personal.

Aunque no se ha encontrado evidencia de la existencia de esta red de pedofilia, la teoría de la conspiración subyacente encontró eco entre los partidarios de Trump y por poco no dejó sus propios charcos de sangre. Más allá de lo anecdótico, el caso conocido como "Pizzagate" es un vehículo idóneo para explorar sobre la propensión de muchos de nosotros a creer con facilidad en algunas teorías conspirativas.

Los mecanismos de transmisión de las teorías de la conspiración

En un estudio titulado "Teorías de la Conspiración", Cass Sunstein y Adrian Vermeule, profesores de las escuelas de leyes de Chicago y Harvard, estudian cómo surgen y se diseminan las teorías conspirativas. Estos autores definen las teorías de la conspiración como esfuerzos para explicar algunos eventos o prácticas como resultado de las maquinaciones de gente muy poderosa, que tiene la capacidad para ocultar su rol en la conspiración. Como ejemplos, Sunstein y Vermeule citan las atribuciones de que la CIA asesinó a John F. Kennedy, la acusación de que el virus del Sida fue manufacturado y diseminado estratégicamente, y la idea de que el alunizaje del Apolo 11, en 1969, nunca ocurrió y que la transmisión de la caminata lunar de Neil Armstrong fue un simple montaje televisivo.[59]

La discusión apunta entonces a que existen conspiraciones reales, frente a las cuales las defensas son la existencia de instituciones de vigilancia y contrapesos y un robusto periodismo de investigación, pero que en realidad existirían mucho menos conspiraciones que las que son creídas por mucha gente, y que estas creencias pueden ser muy peligrosas en determinados momentos, como muestra la acción de Welch en la pizzería de Washington. Por ello es clave conocer cómo surgen y se diseminan estas teorías.

1.   Oferta y demanda de rumores y especulaciones. Algunas teorías conspirativas surgen del trabajo de lo que Sunstein y Vermeule llaman "emprendedores conspirativos", los cuales son individuos que esperan obtener ganancias financieras o políticas (o ambas) a partir de la propagación de especulaciones y rumores. Éstos son un componente clave de la oferta de teorías conspirativas. Por otro lado, la indignación y la rabia que emergen cuando ocurren eventos criminales crean un terreno fértil para la canalización de estos sentimientos hacia un objetivo específico. Las teorías conspirativas ayudan a identificar claramente a estos objetivos.

2.   Cascadas conspirativas y el rol de la información. Imagínese que ocurre un evento criminal o un resultado indeseable y la gente desea asignar la responsabilidad de este. Imagine, también, que los miembros de un grupo anuncian su visión de manera secuencial. Cada individuo evalúa la visión de los que le precedieron y la convergencia de las visiones previas incrementa la posibilidad de alineamiento de las visiones sucesivas con la visión

convergente. Esto es lo que se llama una "cascada informacional".

3.   Cascadas conspirativas y el rol de la reputación. En muchos casos, las personas se alinean con ciertas ideas con el objetivo de ganar o mantener la buena opinión que los otros tienen de ellos: Si al contradecir una idea alguien puede ser estigmatizado como tonto o ingenuo, esta persona puede inhibir su propia idea y alinearse con la opinión dominante en el círculo social en el que busca su aceptación.

4.   Cascadas conspirativas y el rol de la disponibilidad. En algunos casos está "disponible" un hecho o evento notorio que es capaz de alimentar una cascada. Por ejemplo, el ataque contra las torres gemelas del 11 de septiembre de 2001, disparó una cascada conspirativa contra los musulmanes, en general. Similares cascadas pueden ocurrir en contra de los inmigrantes, después de algunos eventos aislados o singulares.

5.   La polarización política, racial o social. En sociedades o contextos polarizados en posiciones extremas, las personas buscan mantenerse en su propio grupo, el cual tiene su propia identidad, y evitan ser confundidos con sus rivales. La supresión de opiniones disidentes y el alineamiento con las ideas compartidas son vías para diferenciarse de sus opuestos.

Conclusiones

Aunque Sunstein y Vermeule admiten que algunas conspiraciones efectivamente existen (como el caso Watergate), ellos se enfocan en los mecanismos que facilitan la proliferación de muchas teorías conspirativas cuya probable existencia no tiene ningún asidero en la realidad. La idea no es que las conspiraciones no existen, sino que resulta poco creíble que muchas personas logren coordinarse para conspirar y que toda la trama pueda permanecer en secreto durante largos períodos.

Por una parte, como señala el clásico ejemplo de la teoría de juegos denominado el "Dilema del prisionero", basta con que surjan intereses disímiles entre los participantes de una interacción, para que algunos de ellos tengan incentivos a comportarse de manera oportunista y violar los acuerdos o reglas iniciales del juego. Las amenazas creíbles de muerte o retaliación pueden disciplinar a los participantes, pero aun así subsisten los incentivos a traicionar o a revelar información clave de la conspiración.[60]

Por otra parte, la existencia de un periodismo de investigación serio e independiente reduce la duración de los secretos en que se basan las conspiraciones. El caso Watergate es un buen ejemplo de los elementos que desafían la sostenibilidad de las conspiraciones. En 1972, todo el poder del presidente de los EEUU se propuso encubrir el hecho de que su administración había estado espiando a rivales políticos y otras personas clave. Sin embargo, la independencia de los poderes públicos (la Corte Suprema dictaminó que la presidencia debía entregar las grabaciones y el

Congreso realizó un procedimiento que conduciría a un impeachment) y la existencia de una prensa libre (la investigación de dos periodistas del Washington Post, Bob Woodward y Carl Bernstein fue clave en la obtención de las pruebas incriminatorias de la presidencia), se conjugaron para que Richard Nixon se viera obligado a renunciar a la presidencia de los Estados Unidos en agosto de 1974.[61]

La separación e independencia entre los poderes públicos, las leyes que garantizan el acceso ciudadano a la información pública (leyes de transparencia), la presencia de un periodismo de investigación serio, robusto e independiente, que hurgue sin pausa en la clarificación de los hechos, todos estos son elementos que desincentivan las conspiraciones y reducen, por tanto, la credibilidad de muchas de estas.

Hemos visto que diversos mecanismos facilitan la propagación de falsas conspiraciones. La transparencia de la relación entre política y negocios juega un rol clave para limitar los nutrientes de estas teorías y prevenir los efectos perniciosos de algunas de estas. Ya lo sabemos: el secretismo y la oscuridad son el alimento básico de la especulación conspirativa.

26 EMMANUEL MACRON: UNA NUEVA ESPERANZA

Tomarse un buen café es como descubrir una nueva esperanza. Imagine que este deleite ocurrió una mañana del mes de marzo de 2017, mientras observaba la portada de un periódico resaltando que, a sus 39 años, Emmanuel Macron podía convertirse en el presidente más joven en la historia de Francia.

A un mes de las elecciones presidenciales de abril de 2017, Macron se dibujaba como el más fuerte contendor de la candidata populista Marine Le Pen. Cuenta la leyenda, también, que a los 15 años Emmanuel Macron era un despierto estudiante de un colegio francés de jesuitas, llamado La Providence, y un lector empedernido que había desarrollado una incisiva capacidad para elaborar las redes de la argumentación. Y que uno de sus cursos preferidos era el de literatura francesa, con cuya profesora solía entablar estridentes y prolongados debates. Poco antes de cumplir los 30 años, Macron se casó con aquella profesora, Brigitte Trogneux, quien es 24 años mayor que él. No extraña que esto sea lo que más se comentaba en las redes sociales, en aquel momento, sobre Emmanuel Macron.

Pero, lo que es realmente sustancioso, en lo que vale la pena detenerse es en Emmanuel Macron como fenómeno electoral, y en las implicaciones de su proyecto político para el futuro de Francia, de la Europa del Sur y de las ideas progresistas. Entre 2006 y 2009, Macron fue un militante activo del Partido Socialista francés, entre 2012 y 2014 fue un miembro clave del staff del primer gobierno del Presidente Hollande, y entre 2015 y 2016 fue Ministro de Economía de su segundo gobierno. A finales de agosto de 2016 presentó su renuncia al gobierno de Hollande para dedicarse a organizar su propio movimiento político, y en el noviembre siguiente anunció su candidatura a la presidencia del país galo.

El 20 de marzo de 2017, justo después del primer debate protagonizado por los cuatro candidatos a la presidencia, Emmanuel Macron ha alcanzado un 25,1% de las preferencias de los encuestados, apenas 1,3 puntos porcentuales por debajo de Marine Le Pen (26,4%), quien encabeza las preferencias electorales. Si la distribución de los votos de la primera ronda electoral fuese consistente con esta encuesta, Emmanuel Macron será el contendor de Marine Le Pen, en la segunda ronda que se realizará el próximo 7 de mayo.

Las crisis del proyecto socialdemócrata

Durante buena parte del siglo XX, y en la primera década del XXI, el espectro político de la mayoría de los países occidentales estuvo dominado por dos grandes fuerzas: la democracia cristiana, en la centro-derecha, y la socialdemocracia, en la centro-izquierda. El proyecto socialdemócrata se consolidó como una alternativa al socialismo revolucionario, a partir de la idea de que era posible "empujar" al capitalismo hacia un estadio de solidaridad, distribución equitativa del ingreso y limitaciones a los privilegios de las minorías.

En sus orígenes, un objetivo central de la socialdemocracia era transitar desde el capitalismo hacia el socialismo de manera gradual, sin los choques y traumas de la violencia revolucionaria. El proyecto socialdemócrata se erigió sobre una concepción política que supone la existencia de una tensión antagónica (y hasta cierto punto irresoluble) entre los intereses del trabajo y del capital. Esta visión es lo que en la teoría de juegos se conoce como un juego suma-cero, en el cual hay dos partes y lo que gana una de estas partes proviene o equivale a lo que pierde la otra parte. A partir de esta concepción decimonónica, la socialdemocracia tejió sus principales redes de apoyo en el mundo sindical y en las organizaciones campesinas, bajo una concepción "laborista" de su proyecto político.

En el plano económico, el proyecto socialdemócrata implicó una fuerte intervención del Estado en la economía, no sólo como coordinador o facilitador de procesos, sino como proveedor directo de un sin número de bienes no-públicos, y como un empleador importante en el balance de empleo de toda la economía. Desde el punto de vista empresarial, la socialdemocracia se arrogó una visión nacionalista, bajo la idea de que había que favorecer a la empresa nacional frente a las transnacionales, las cuales eran vistas como los vehículos del "imperialismo empresarial" (si es que esto último no resultaba redundante).

Los problemas del modelo socialdemócrata comienzan a hacerse visibles y globales quizás desde la década de 1970. El problema central de este modelo (que ocurrió de manera aún más desgarradora con el proyecto socialista radical) emerge de los incentivos perversos que se alimentan y de las manifestaciones políticas y económicas de estos incentivos.

En el plano político, la hipertrofia del aparato estatal, en su proclividad a exacerbar la asignación de oportunidades por vías administrativas, y en su condición de productor directo de bienes y servicios, genera una multiplicidad de incentivos para que los funcionarios del Estado detecten maneras de capturar rentas derivadas de su poder de decisión y asignación de oportunidades. Esta fue la matriz de la corrupción y de las presiones para la extensión continua de las facultades administrativas de los funcionarios y para el crecimiento del número de éstos, como una manera perversa de distribución del ingreso.

En el plano económico, la introducción de criterios políticos en la producción de bienes y servicios, y la dirección de empresas públicas por parte de burócratas, derivó en brutales caídas de la productividad, en costos de producción ineficientemente altos y en la necesidad de un flujo creciente de subsidios y coberturas de pérdidas con cargo a la tributación.

En el ámbito social, el mantenimiento de subsidios masivos directos e indirectos, creó incentivos para desplazar la dedicación productiva de las personas y optar por la explotación de las oportunidades de "vivir" de las transferencias de manera permanente.

No es de extrañar que la mezcla de todo esto se tradujera en una suerte de bomba de tiempo, en la cual se completa un círculo vicioso de baja productividad y creciente necesidad de inyección de fondos públicos tanto en el ámbito empresarial como en el de atención social. El efecto inmediato es entonces el crecimiento de grandes déficits fiscales (el gobierno gasta más de lo que recauda), el financiamiento de estos déficits con dinero inorgánico (la baja productividad implica que decaen los flujos de recaudación tributaria) y la alimentación de espirales inflacionarias debidas a que se alimenta una demanda de bienes y servicios con dinero inorgánico, la cual por ende no tiene una contrapartida en la producción o la oferta.

La mezcla de corrupción exacerbada, reducciones brutales de la productividad empresarial e incentivos para que las personas inviertan menos en educación para el trabajo y se dediquen a "pescar" subsidios y transferencias públicas, en un ambiente de presiones inflacionarias, todo esto, fue la pólvora que hizo colapsar el proyecto socialdemócrata original.

Esta primera gran crisis del proyecto socialdemócrata se hace notoria en los años 1980s, cuando el péndulo electoral se inclina en sentido político opuesto y se abre paso a las reformas "neoliberales" impulsadas inicialmente por Margaret Thatcher y Ronald Reagan. Su desplazamiento político y la catástrofe económica de su proyecto crean las bases para un replanteamiento del proyecto socialdemócrata, el cual se expresó en la propuesta de la "tercera vía", cuya cabeza más visible fue el británico Tony Blair.

La tercera vía se manifestó en un viraje ideológico de la concepción económica de un sector de la socialdemocracia, el cual se tradujo en el reconocimiento de la función de los incentivos creados por los mercados competitivos para alimentar la productividad y la eficiencia, y en la autocrítica sobre la inoperancia de un Estado sobredimensionado. Esto de alguna manera funcionó y trajo cierto "revival" a la socialdemocracia, pero también trajo el germen de una segunda y actual gran crisis: el proyecto socialdemócrata se desdibujó.

Este viraje fue difícil de digerir para el "alma" y las bases socialdemócratas: se diferenciaba poco del proyecto de las ideas de la centro-derecha, perdía autenticidad y suponía una suerte de traición, al venderse políticamente una propuesta económica de apariencia centro-derechista por parte de unos partidos cuyos correajes organizacionales y sus imbricaciones sociales eran "laboristas".

Frente a las tensiones internas, la socialdemocracia se refugia en la defensa de posturas valóricas atractivas para cierta élite intelectual (cuyos ejes son la protección ambiental, la libertad personal de elegir en temas sexuales y reproductivos, la defensa de la globalización y de la libre movilidad de personas), pero que resuenan poco en las bases trabajadoras cuyos empleos fueron desplazados por China y otros proveedores de mano de obra barata. El principal efecto de esto fue el desangramiento de los partidos socialdemócratas hacia la izquierda radical (en el caso de los creyentes en el antagonismo irresoluble del capital y el trabajo) y hacia la extrema derecha (en el caso de los que se resienten de las pérdidas sufridas como consecuencia de la globalización y del trato "preferencial" a los inmigrantes).

Esta debacle contemporánea se expresa en el triunfo del Brexit, la derrota del Partido Demócrata estadounidense, la captura de parte de la base del PSOE por parte de Podemos en España, el fortalecimiento del populismo de derecha en Italia, la reciente gran merma parlamentaria sufrida por la socialdemocracia holandesa y el rezago del Partido Socialista francés, de cara a las elecciones de los primeros días de abril.

Macron y la emergencia de un proyecto "liberal de izquierda"

Frente a la debacle socialdemócrata, mi esperanza se centra en el surgimiento de una propuesta política que podríamos llamar "liberal de izquierda", siempre que estos dos términos no resulten contradictorios. Si quisiéramos forzar una metáfora geográfica, pudiéramos decir que el proyecto liberal de izquierda se parece al actual modelo de los países nórdicos (que es diferente de lo que fue en el siglo XX).

Noruega, Dinamarca, Suecia y Finlandia encarnan hoy lo que yo llamo el proyecto Liberal de Izquierda. Estos cuatro países combinan buena parte de lo que me parece deseable política, social y económicamente:

- Un énfasis cada vez más eficiente (y virtuoso desde el punto de vista de los incentivos económicos) en la atención de necesidades sociales, usando el mercado siempre que sea posible, con los gobiernos en roles de facilitadores y creadores de bienes públicos de calidad;

- Una reducción importante del peso del Estado en la economía (en comparación a los niveles que alcanzaron en el pasado), con grados relevantes de transparencia y uso de tecnología para acercar la gestión pública al ciudadano;
- Un grado importante de flexibilización del mercado laboral, pero con protecciones virtuosas para los empleados desplazados, con énfasis en educación, capacitación y apoyos condicionados a la reinserción (lo que en inglés ha sido denominado *"flexicurity"*), bajo el cual se ha reducido el costo de despido para las empresas pero el Estado se hace cargo de entrenar a los desempleados;
- Una inclinación valórica hacia la libertad personal de elegir en materias sexuales, reproductivas, con Estados laicos y tolerantes desde el punto de vista político; y
- Con facilidades para que germine un tejido empresarial innovador y globalmente competitivo.

Si uno analiza las propuestas programáticas de Emmanuel Macron, de cara a las próximas elecciones francesas, podríamos decir que está ofreciendo algo muy parecido al modelo nórdico actual, o a lo que yo he denominado el modelo "Liberal de Izquierda". Estas ideas programáticas gravitan alrededor de los siguientes elementos:

- Reducir el impuesto a las ganancias empresariales, desde el actual 33,3% a un 25%;
- Reducir el gasto público desde 55% a 52% del PIB;
- Mantener el déficit fiscal por debajo del 3%, en línea con los requerimientos de la Unión Europea;
- Un plan de inversiones de 53 millardos de dólares, en un horizonte de cinco años, destinado a promover energías renovables, mejorar la agricultura, incrementar el entrenamiento de los desempleados y elevar la innovación médica;
- Eliminar las restricciones a los musulmanas sobre el uso de velos en escuelas y universidades; y
- Promover la igualdad de oportunidades para ambos géneros.

Es un plan en cierto sentido ecléctico, pero podríamos argumentar que tiene como supuestos básicos, en línea con el modelo nórdico, dos cosas que no tiene el proyecto estándar de la centro-derecha modernizadora:

1.	La asunción de que es necesario combinar la orientación a mercados competitivos, ligeros y fluidos con una potente y eficiente política social, no sólo por las externalidades negativas generadas por la pobreza y la marginalización, sino por la certeza de que el capitalismo, en su estado más puro, contiene mecanismos de perpetuación de la inequidad, juegos con desigualdad de oportunidades y trampas de pobreza, que atrapan a determinados sectores sociales de generación en generación; y

2.	Una clara orientación liberal y laica en temas valóricos, que reivindique los derechos de las mujeres sobre su cuerpo y sobre sus decisiones reproductivas, tolerancia y no discriminación en temas de preferencias sexuales, facilidades para el matrimonio entre personas del mismo sexo y su derecho a la adopción y una orientación a separar las cuestiones políticas de las preferencias religiosas, y un énfasis en la creación de confianza y solidaridad.

Yo espero que Macron pueda detener al avance populista de Le Pen, por una parte, y que inaugure un nuevo ciclo de desarrollo de un proyecto "Liberal de Izquierda", que permita superar la debacle socialdemócrata sin entregar espacios a los populismos de izquierda o derecha.

27 ¿POR QUÉ EL FANATISMO POLÍTICO ES TAN DURO DE ROER?

A sus 22 años, Nadine era burlona, tierna, graciosa. Se movía con una innata elegancia. Cultivaba un humor inteligente, preciso, nada empalagoso, con gestos como de una sobria bailarina. Nadine podía hablarte de música y de poesía durante toda una noche. Por supuesto, no tenías que esforzarte para que te gustase.

A sus 27 años, descubrimos, que Nadine se había adherido a la religión del comunismo. En ocasiones, sobrevivía su carácter juguetón, su inteligencia encantadora y cordial, su proverbial calidez. En otras circunstancias, si se tocaban las teclas neurálgicas de la discusión política, todo el encanto, toda la chispa, todo el humor de Nadine podían terminar encallados en los pantanos del fanatismo. Hablar de política con Nadine se había transformado en algo semejante a hablar sobre el aborto con un miembro del Opus Dei.

Para entonces la revolución era un acontecer lejano. Era la fábula romántica de la toma del cielo por asalto, la épica literaria de la heroicidad que enfrentaba a la opresión. Varias décadas después, la revolución se había convertido en un lamento que rumiaba en las ruinas de un país, en un ejército de niños que hurgaba en la basura, en una delgadez anémica, en una tristeza para salir corriendo.

Las características económicas más comunes de los países que han navegado hacia las aguas del socialismo radical son la depauperación de la industria nacional, la escasez de productos básicos, la enorme proporción del tiempo de las personas que debe ser usado para la adquisición de alimentos y enseres, y la precarización transversal de la vida. Esto ha sido así, en la extinta URSS, en la China de Mao, en Cuba, en Corea del Norte, en el Chile de Allende y, más recientemente, en Venezuela.

La lógica económica de esto es muy simple y ha sido harto documentada. Si el gobierno fija los precios de los productos, decreta la expropiación de unas empresas y amenaza a las sobrevivientes, entonces la inversión se reducirá a un mínimo. Sin inversión no hay producción y sin producción solo habrá escasez, colas y listas de espera.

Pero para Nadine, y sus acólitos, el socialismo radical todavía es todo un éxito, un sueño realizado, un triunfo apenas despojado por una conspiración. Ni la evidencia, ni los estudios académicos, ni los datos estadísticos, ni los testimonios de quienes sufren o han huido, nada de todo esto es suficiente para socavar su creencia.

También hay que tener en cuenta que los dogmas políticos tampoco son patrimonio exclusivo de la izquierda política. La derecha también es un territorio plagado de dogmas de fe, de creencias divorciadas del conocimiento académico y de las estadísticas, de verdades reveladas que no admiten disensos. Ejemplos abundan: "la inmigración es responsable del desempleo, la inseguridad o el terrorismo", "los pobres son pobres simplemente porque no se esfuerzan", "la desigualdad es solo un reflejo de diferencias en esfuerzo, no de desigualdad de oportunidades", o "es sano que la política esté fundada en la religión". Nadine, por supuesto, tiene sus antípodas, sus equivalentes dogmáticos en la derecha, algo que pareciera tener la simetría de un test de Rorschach.

El denominador común entre ambos dogmatismos es la resistencia a los argumentos y a toda aquella evidencia que socave las bases del dogma. Aun hoy, en pleno siglo XXI, hay quienes niegan la teoría de la evolución (prefiriendo el creacionismo), o dicen que no hay tal cambio climático, o incluso niegan que haya ocurrido el holocausto.

En muchos casos, el dogma puede ser benigno. Pero en decisiones de políticas públicas las consecuencias del dogmatismo pueden ser mortales, catastróficas, devastadoras. Ya lo sabíamos, en relación con el socialismo estatista, pero ahora comenzaremos a saberlo en relación con el dominio del populismo de derecha.

La cruzada contra los inmigrantes, el regreso al proteccionismo, el crepitar de los nacionalismos más extremos, la búsqueda de la pureza racial o étnica, el desprecio por el saber académico y los juicios expertos, todo esto, parece inaugurar un nuevo oscurantismo. Por ello, hoy vuelve a ser urgente comprender las bases psicológicas y neuroquímicas del fanatismo, del anclaje de ciertos políticos y muchos electores en los puertos de las ideas equivocadas, en falsas maniobras, en políticas cuyos resultados prácticos distan de los atribuidos.

En febrero de 2017, la periodista Elizabeth Kolbert escribió un excelente sumario sobre esto para la revista The New Yorker, titulado "Por qué los hechos no cambian nuestra mente. Nuevos descubrimientos sobre la mente humana muestran los límites de la razón". En este artículo,

Kolbert se pregunta sobre el porqué de la resistencia fanática a los argumentos, y muestra las respuestas encontradas en los trabajos académicos de psicólogos, investigadores de la ciencia cognitiva, psiquiatras y especialistas en salud pública.[62] Veamos una síntesis de estas ideas.

La preferencia por la confirmación

El primer conjunto de argumentos para explicar nuestra resistencia a las ideas que contradigan nuestras creencias, proviene de los estudios de Hugo Mercier, profesor de la Universidad de Pennsylvania, y Dan Sperber, investigador de la Central European University (Budapest). Estos investigadores proponen la hipótesis de que la función del razonamiento no es mejorar el conocimiento ni tomar mejores decisiones, sino crear y evaluar argumentos orientados a persuadir. Para ello, la evolución nos empuja a ser "argumentadores habilidosos". Y la meta de los argumentadores habilidosos no es encontrar la verdad, sino encontrar argumentos que soporten sus puntos de vista (y, por supuesto, despreciar, usando hasta la burla, los argumentos en contrario).[63]

Piense en políticos como Hugo Chávez o Donald Trump, revise sus discursos, y rápidamente comprenderá la fortaleza de la hipótesis de Mercier y Sperber. "El razonamiento usado proactivamente favorece las decisiones que son fáciles de justificar, pero no necesariamente las mejores", señalan estos autores.

La ilusión de cuánto sabemos

El segundo bloque de explicaciones, se basa en los trabajos de un equipo de investigadores encabezado por Philip Fernbach, de la Universidad de Colorado. Fernbach y su equipo estudiaron cuál es el grado de conocimiento de las personas que adoptan actitudes políticas extremas en temas complejos de políticas públicas, sobre las verdaderas consecuencias de tales políticas públicas. La hipótesis central de su trabajo es que las personas típicamente tienen menos conocimiento sobre los efectos de estas políticas, de lo que ellos piensan que realmente saben. Esta hipótesis, Fernbach y su equipo la denominan "la ilusión de la profundidad explicativa".[64]

Imagine el caso de un complejo problema social, tal como la inseguridad personal asociada con la criminalidad. Por su naturaleza, este problema requiere de soluciones complejas de políticas públicas. Pero resulta que, a menudo, los votantes muestran preferencias políticas polarizadas sobre las mejores respuestas a este tema. Algunos ciudadanos piensan que una reducción significativa de la criminalidad solo es posible con un cambio de sistema económico (e.g. sustituir el capitalismo por el socialismo) y un correspondiente cambio cultural profundo (e.g. cambio de valores mediante la educación moral y cívica). Este es un típico argumento de extrema izquierda. Otros electores, han comprado la idea de que la solución a la criminalidad consiste en detener la inmigración (e.g., bloqueando la entrada a un país de inmigrantes de determinado origen étnico o religioso) y en expulsar a los inmigrantes que se encuentre en situación de ilegalidad.

Según la hipótesis de Fernbach y su equipo, quienes apoyan una u otra política pública extrema para enfrentar la criminalidad conocen menos sobre los efectos de estas políticas que lo que ellos creen que saben. Por supuesto, esto tiene delicadas implicaciones prácticas, como el mundo está atestiguando contemporáneamente. Pero lo que resulta más aterrador, es que hay una serie de mecanismos psicológicos que hacen de la polarización un proceso auto-reforzado: 1) la gente no está consciente de su propia ignorancia; 2) las personas buscan información que refuerza sus actuales preferencias; 3) procesan nueva información de una manera sesgada, lo cual refuerza sus actuales preferencias; 4) se afilian con otras personas que comparten sus preferencias; y 5) asumen que las visiones de los demás son tan extremistas como las suyas.

El placer de la confirmación

El último tipo de argumentos sintetizado por Kolbert se basa en un libro escrito por Sara Gorman, especialista en salud pública y su padre, Jack Gorman, quien fue miembro del departamento de psiquiatría de Columbia University por 25 años. Estos autores estudian los factores que explican la persistencia de creencias que tienen efectos sociales negativos, tales como la creencia de que las vacunas son perjudiciales y que, por tanto, no debería vacunarse a los niños contra enfermedades como la poliomielitis.

Uno de los argumentos clave de los Gorman es que las personas experimentan una subida de placer cuando procesan información que soporta sus creencias, y esto se deriva de una oleada de dopamina que inunda el torrente sanguíneo cuando esta confirmación ocurre.[65]

Conclusiones

Todos los estudios citados concluyen que hay razones de adaptación evolutiva primaria que explicarían la propensión humana al dogmatismo. La mayoría de estas explicaciones convergen en la herencia de la tribu, en nuestra programación para vivir en tribus, cooperar a su interior y antagonizar con los miembros de otras tribus. El costo de los riesgos de ser engañados por extraños nos programó para refugiaros en las creencias del grupo, nos inoculó cierta resistencia a nuevas y externas ideas.

El problema es que, como señalan Mercier y Sperber, la herencia de la tribu se mantiene viva aunque hoy sus desventajas puedan ser mayores que sus beneficios. "El ambiente cambia tan rápido, que la selección natural no ha tenido tiempo de operar". En otras palabras, parece que aún respondemos con herramientas de la edad de piedra a problemas del siglo XXI. Y en materia de decisiones políticas, los peligros de esta incongruencia son hoy demasiado grandes.

Quizá tenía razón Bertrand Russell cuando señaló: "Las opiniones que son mantenidas con pasión son siempre aquellas para las que no existe una buena base" (1928)

28 LOBBY, LEY DE PESCA CHILENA Y FUNCIÓN SOCIAL DEL PERIODISMO DE INVESTIGACIÓN

A finales del año 2012, el Congreso de Chile aprobó la más reciente versión de la Ley General de Pesca y Acuicultura. Uno de los aspectos más relevantes de esta modificación de la normativa que rige al sector pesquero, es la asignación de cuotas de pesca. Debido a que los peces son un recurso escaso, los países se enfrentan a la necesidad de regular la pesca, asignando cuotas de pesca a los actores relevantes del sector. Esto incluye tanto a las grandes empresas pesqueras como a los pequeños pescadores, que son referidos como "pescadores artesanales".

En ausencia de un mecanismo de asignación de cuotas, o de capacidad institucional para garantizar el cumplimiento de estas, los países corren el riesgo de que su población de peces sea devastada.

Cuando existen muchas empresas pesqueras, si cada empresa pudiera pescar la cantidad que quisiera, entonces ocurriría un problema denominado "la tragedia de los comunes": cada empresa percibe que su beneficio depende positivamente de la cantidad extraída, y depende negativamente de la cantidad pescada por las otras firmas. Por ello, una empresa que busque maximizar su beneficio se ve impelida a pescar la mayor cantidad de peces posible, ya que los peces que esta no extraiga serán pescados por alguna otra empresa.

El mejor escenario para una empresa es que las demás firmas limiten su pesca mientras ella pesca el máximo posible. Como todas las empresas enfrentan incentivos similares, entonces cada una termina pescando una cantidad mayor que lo que sería óptimo socialmente.

Para la sociedad, sin embargo, lo óptimo es extraer pescado a una tasa que permita satisfacer las necesidades presentes y futuras, lo cual implica permitir la reproducción de los peces moderando las tasas de pesca.

El problema de la "sobre-pesca", que es generado por la competencia indiscriminada entre pescadores, es lo que en Teoría de Juegos se conoce como un "dilema del prisionero", concepto que hemos comentado en otro ensayo:

Todos saben que lo socialmente óptimo es la cooperación (pescar a tasas que permitan la reproducción de los peces), pero nadie tiene incentivos para cooperar porque individualmente piensa que si él coopera, los demás pescadores se aprovecharán de su ingenuidad y pescarán más (para ganar más dinero).

Cuando todos se convencen de la preponderancia de este oportunismo, entonces nadie coopera y la sociedad termina "presa" del peor escenario imaginable.

Para que usted visualice este problema, piense en lo que suele ocurrir cuando se daña un semáforo: la circulación colapsa porque todos los conductores desean cruzar la intersección a mismo tiempo.

Con el paso del tiempo, los países han encontrado que este problema se puede mitigar asignando cuotas de pesca de largo plazo (por ejemplo, de 20 años de duración), de manera que las empresas tengan incentivos a permitir la reproducción de los peces y, de esa forma, poder capturar beneficios en el corto plazo, pero también en el largo plazo. La certeza de que sus cuotas serán respetadas en el futuro, limita los incentivos de cada empresa para "sobre-pescar" en el presente.

Aunque esta solución ayuda a reducir el problema de la "sobre-pesca", suele levantar controversia sobre los criterios usados para asignar las cuotas entre las diferentes empresas, y entre empresas grandes y pescadores artesanales.

Un criterio (llamémosle, A) favorece el uso de licitaciones y del sistema de precios para la asignación de cuotas (quien paga más escoge primero y recibe una mayor cuota). Mientras que el otro criterio (B) favorece una distribución que considere derechos históricos y criterios distributivos de equidad social. Cuando los parlamentarios aprueban estas leyes, en teoría tratan de balancear estos dos criterios.

Bajo estas ideas generales fue aprobada en Chile, en el año 2012, la última versión de la Ley General de Pesca y Acuicultura. En el caso chileno, los pequeños pescadores consideraron que esta legislación favorecería de manera desproporcionada a las grandes empresas.

Periodismo de investigación y revelación de información oculta

En mayo de 2015, uno de los más importantes portales de periodismo de investigación de Chile, el Centro de Investigación Periodística (CIPER), publicó un reportaje que señalaba que la exdiputada, independiente de derecha, Marta Isasi (quien habría tenido un rol clave en la comisión que redactó la última versión de la Ley de Pesca), habría supuestamente recibido pagos para financiar su campaña por parte de Corpesca.

Esta última es una de las principales empresas de pesca de Chile, propiedad del grupo Angelini, quienes son a su vez los principales accionistas de Copec y de la Forestal Arauco, entre otras grandes empresas chilenas.

Según la investigación publicada por CIPER, la ex-diputada Isasi habría recibido al menos $25 millones durante la discusión de la Ley.[66]

Unos meses después, CIPER y otros medios publicaron otros reportajes en los que se señalaba que el senador por la región de Tarapacá Jaime Orpis (del partido UDI -derecha), quien también tuvo un rol clave en la redacción de la nueva Ley de Pesca, habría recibido $264 millones por parte de Corpesca, entre los años 2009 y 2013.

De hecho, el 14 de enero de 2016, "la Corte de Apelaciones de Santiago desaforó al senador Jaime Orpis por el caso Corpesca. Por 16 votos, el tribunal de alzada acogió los cuatro delitos imputados por el Ministerio Público representado por la fiscal Ximena Chong: cohecho, lavado de activos, delitos tributarios y fraude al Fisco.[67]

En esta audiencia, la fiscal Chong indicó que "la Constitución obliga a los parlamentarios a abstenerse de votar cualquier asunto en el cual tenga interés directo (...) El senador recibe de Corpesca una serie de minutas y antecedentes que le establecen ciertas exigencias que debe cumplir en el ejercicio de su función y con su intervención en leyes pesqueras".[68]

Más adelante la fiscal señalaría que el legislador por la región de Tarapacá derechamente "era un funcionario de la empresa Corpesca en el Senado".[69]

En uno de los últimos capítulos de este caso, el martes 19 de enero de 2016 la mesa de la Cámara de Diputados chilena declaró admisible el proyecto de ley que busca anular la actual Ley de Pesca, acusando vicios de constitucionalidad en su tramitación legislativa.

De esta manera, la moción presentada por un grupo parlamentario sería revisada en su contenido de fondo por la comisión de Constitución, Legislación y Justicia del parlamento chileno, siendo éste es el primer paso para eventualmente derogar la ley aprobada en 2012.

Según los proponentes de la derogación, esta Ley carecería de legitimidad, dados los pagos que habrían recibido los parlamentarios por parte de Corpesca, durante la tramitación de la misma.

Frente a esta iniciativa, algunos parlamentarios de la oposición han fijado posición: Tras la decisión de la Cámara de Diputados, legisladores de Renovación Nacional calificaron el actuar del presidente de la instancia como irresponsable y absurda. Porque a su juicio, esto podría sentar un precedente para que los diputados intenten anular las normas vigentes a diestra y siniestra. "(Se) cometió una aberración institucional y jurídica que no tiene registro en la historia del Parlamento en Chile", sostuvo el diputado y miembro de la Comisión de Pesca de la Cámara, Gonzalo Fuenzalida (perteneciente a la bancada del partido Renovación Nacional - RN).[70] Al momento de escribir este ensayo, en mayo de 2016, aún existía incertidumbre sobre cuál sería el futuro de la Ley de Pesca chilena.

¿Qué conclusiones preliminares pueden extraerse de este caso?

Una de las aristas más complejas y problemáticas de este tipo de casos, es que sirven de base al cuestionamiento de la legitimidad del modelo económico conocido como el capitalismo de mercado. Los mercados competitivos suelen generar resultados socialmente virtuosos: innovación en productos y servicios, variedad de formas de satisfacer las necesidades de las personas, crecimiento económico sustentado en lo que un economista clásico llamó la "destrucción creativa" y precios razonablemente bajos.

Debido a estas características, algunos países que tuvieron economías cerradas y controladas durante muchos años, han propiciado el florecimiento de mercados competitivos como una manera de elevar sus niveles de innovación, productividad y disponibilidad de productos a precios y calidades razonables.

Los críticos de este modelo suelen resaltar el hecho de que para que los mercados se aproximen a situaciones virtuosas, deben cumplirse una serie de supuestos que difícilmente son constatados cuando cotejamos con la realidad. Sin embargo, la experiencia muestra que los mercados son complementados con instituciones que corrigen muchas de las fallas que impiden su desempeño virtuoso.

Para propiciar la competencia se crean Agencias Antimonopolios o Tribunales de Defensa de la Competencia; para reducir las externalidades negativas se crean instituciones de protección ambiental o Agencias de control de alimentos y medicinas (como la FDA, en los EEUU); para reducir las fallas de información asimétrica, se crean las Agencias Calificadores de Riesgo; y así sucesivamente.

Sin embargo, uno de los aspectos más delicados de la actividad de los mercados es la relación entre política y negocios. Si las empresas pueden capturar a los políticos (por ejemplo, entregándoles dinero para sus campañas o pagos directos) entonces tenemos un problema severo de legitimidad del modelo. Las empresas que puedan pagar más lograrían leyes y regulaciones favorables, que les otorgarían una ventaja sobre sus competidores.

Una respuesta institucional a este problema es la regulación del Lobby y el financiamiento de la política mediante nuevas leyes. El problema es que las leyes son hechas por políticos, que pueden ser capturados, como se muestra en el caso presentado acá.

Es precisamente en este punto donde entra en juego la existencia de un periodismo de investigación serio, independiente y con las prerrogativas necesarias para realizar su trabajo sin cortapisas. Como se demuestra en este caso, el periodismo de investigación es una institución que cumple una función social clave, que ayuda a proteger la legitimidad del modelo económico.

Esta institución está permanentemente indagando, buscando, investigado con el objetivo de revelar información oculta sobre las actividades de los políticos y su relación con los negocios. Al hacer esto, genera una amenaza creíble para los políticos de que cada vez será más difícil ocultar sus negociados. Cuando los políticos se saben vigilados de esta manera, entonces podemos esperar que muchos de ellos se autorregulen, antes de ser pillados en una componenda y penalizados política y penalmente.

El sistema seguirá siendo imperfecto, pero el periodismo de investigación ayuda a reducir sus fallas.

29 CHILE, EL ABORTO Y LA PERSPECTIVA FEMENINA

Juliana tiene 34 años, es arquitecta y realiza con pasión un oficio que le ha retribuido satisfacción, conexiones con gente interesante y solvencia financiera. Juliana también es madre soltera de una chica encantadora llamada Alma. A los veinticinco años, la ruleta anticonceptiva la engañó y decidió continuar su embarazo pese a que el chico con el cual salía no quería saber nada de la paternidad. Juliana ya trabajaba y encontró la manera de que Alma no fuese un obstáculo en el desarrollo de su carrera. No sin sacrificios, hizo un posgrado en visión urbana y diseño arquitectónico y logró que el arte superara a la destreza.

El año 2014, Juliana regresó a Chile y debía encontrar un colegio para Alma. Su madre y su hermana le insistieron en que inscribiera a Alma en "un colegio de valores cristianos" y le recomendaron una renombrada institución regentada por misioneros del Opus Dei. A las 9 y 15 de la mañana de un martes de enero, Juliana esperaba su turno para la entrevista de admisión. A las 9 y 32 entró a la oficina del director de admisiones. Allí se encontraban un cura de mirada adusta, que se identificó como el director de admisiones, una señora con gesto maternal, que dijo ser numeraria de la congregación y la sicóloga del área de educación básica. Esta última le hizo un leve guiño a Juliana sal recibirla, ya que su madre había logrado contactarla a través de una amiga común. La entrevista duró 35 minutos. Lo primero que le preguntaron era por qué elegiría ese colegio para su hija y luego entraron a hablar de su entorno familiar. Cuando preguntaron por el padre de Alma, y Juliana contó su historia con desinhibida sinceridad, notó un gesto incómodo del director de admisiones. Unos minutos después, cerraron la entrevista y le dijeron a Juliana que llamara al final de la semana para comunicarles la decisión.

Como se imaginarán, la madre de Juliana no estaba dispuesta a esperar demasiado y llamó por teléfono a la sicóloga la noche de aquel mismo martes. Ésta última le recomendó a la madre de Juliana que buscaran otro colegio. Que, aunque había algunas excepciones con casos de familias poderosas, la política del Opus Dei era no aceptar a hijos de madres solteras, debido a que esto era considerado como "un mal ejemplo para los niños y las familias del colegio".

Una mañana de marzo del 2016, Juliana se tropezó con la sicóloga de la historia en un café Starbucks del oriente de Santiago de Chile. Hablaron unos minutos, tras lo cual la sicóloga le dijo que tenía irse pronto ya que debía acompañar a los alumnos del colegio del Opus Dei a una manifestación contra el aborto, frente al edificio del gobierno conocido como la Moneda. Juliana no pudo evitar confrontarla con su propia experiencia:

-¿No te parece contradictorio que esta solemne congregación asigne tantos recursos a la lucha contra el aborto y, al mismo tiempo, le niegue la inscripción a los hijos de madres solteras como yo? ¿Si la vida de un feto producto de una violación es tan sagrada y valiosa como ustedes señalan, por qué entonces los niños sin padres en santo matrimonio son discriminados? –la increpó Juliana.

-Discúlpame, Juliana, pero ahora debo irme. – Respondió la sicóloga.- Y créeme que a menudo yo también me hago esas preguntas – añadió, y caminó rápido hacia la entrada del metro más cercana al café.

Durante los últimos meses, el debate alrededor del aborto ha sido bastante intenso en Chile. En marzo de 2016, los diputados chilenos aprobaron un proyecto de Ley que despenaliza el aborto en los casos de tres causales: riesgo de vida de la madre, inviabilidad fetal y violación. Como es de esperarse, hay dos posiciones radicales. De un lado, están los que en términos globales se denominan "pro-elección", y del otro lado se ubican los "pro-vida".

Una de las discusiones más vernáculas ha sido aquella alrededor del aborto en embarazos producto de una violación. Desde quienes argumentan que esto sería "difícil de probar", hasta quienes dicen que todo el amor que trae una nueva vida más que compensa el trauma de cómo esta fue engendrada.

El 27 de abril de 2016, la escritora Isabel Allende publicó una columna de prensa en la que decía lo siguiente: "He seguido con una mezcla de estupor y alarma los debates sobre la legalización del aborto en caso de violación. Estupor, porque quienes defienden los derechos del feto no contemplan para nada los derechos de la mujer o la niña que ha sido violada. Alarma, porque esta causal será aprobada o rechazada por hombres en el Senado. (…) Nadie es proaborto. El aborto es una medida extrema, a la que no se recurre a la ligera, es una experiencia traumática e inolvidable. (…) Quienes tienen reparos religiosos o de otro tipo pueden ignorar esa opción, pero no pueden imponer sus creencias al resto de las chilenas. Hay separación del Estado y la Iglesia. La moral no es monopolio de los católicos. Esta es una decisión fundamental, que cada mujer o niña debe hacer con la propia conciencia." [71]

Unos días antes, Ignacio Sánchez, rector de la Pontificia Universidad Católica de Chile señalaba que: "En la eventualidad de que se apruebe esta ley, vamos a tener que ser mucho más específicos. A los médicos que están trabajando acá", (en la clínica de la Universidad Católica) "vamos a tener que pedirles que ratifiquen ese compromiso a través de la objeción de conciencia y a los médicos que se contraten, vamos a tener que pedírselo también".[72] En otra ocasión agregó: "Vamos a hacer todo lo posible para que ese niño en gestación pueda nacer y si ella" (la madre) "voluntariamente decide otra opción, la vamos a trasladar de forma segura a otro centro de atención".[73]

Estos son los clásicos temas en los cuales nunca habrá acuerdo entre posiciones encontradas, y por lo tanto las decisiones suelen ser políticas. Los cambios legales suelen reflejar cómo van cambiando las preferencias de los votantes. Para mi personal satisfacción, los estudios de opinión realizados en Chile (y en esto se sigue una tendencia más o menos global) indican que cada vez es mayor el porcentaje de personas que se inclinan por la defensa de los valores liberales y la libertad de elección.

En una encuesta realizada por la empresa chilena de opinión pública Cadem, en septiembre de 2015, se encontró que 76% de los chilenos estaban de acuerdo con que la mujer debería tener derecho a hacerse un aborto en algunas circunstancias.[74]

Para terminar quiero señalar dos cosas que me parecen clave, y en las que de alguna manera coincido con Isabel Allende. Lo primero es que es importante separar la esfera de las decisiones políticas del ámbito de las creencias religiosas. La política debe ser laica. Sólo así podemos protegernos de los peligros políticos de los dogmas, las inquisiciones y el terrorismo fundamentalista.

Lo segundo es que, en decisiones como estas, es importante que la sociedad confíe en la perspectiva femenina, lo cual las leyes hechas principalmente por hombres parecen ignorar. La mujer está condicionada evolutivamente para proteger a la cría. Y sobre esto no hace falta argumentar mucho. Por ello, cuando una mujer decide abortar, deberíamos respetarle una decisión en la cual su convicción supera a los impulsos más potentes de su propia naturaleza. Allí, la confianza de la sociedad debería estar del lado de la perspectiva femenina.

30 CHILE Y LA POLÍTICA DEL MIEDO: EL CONTROL PREVENTIVO DE IDENTIDAD

En el año del Mono de Fuego de 2016, el parlamento chileno nos regaló un ejemplo de lo que significa legislar bajo la impronta del pánico. El miércoles 18 de mayo de aquel año, el Senado chileno aprobó lo que se conoció como la "Ley de Agenda Corta Antidelicuencia".

Una de las aristas más controversiales de aquel cambio legal, es que este incrementó significativamente las facultades policiales para controlar la identidad de las personas. Este es un ejemplo de leyes que generan efectos contraproducentes, suman más a los costos que a los beneficios, leyes que solo se explican como una respuesta populista a unos electores a los que el miedo no deja pensar correctamente. Veamos de qué viene este cuento.

La delincuencia: Temor y preocupación ciudadana

En una reconocida encuesta sobre el tema (Adimark-Paz Ciudadana, Encuesta sobre Delincuencia y Opinión Pública, Abril, 2016), se mostraba que durante el período 2005-2015, un promedio de 56% de la población percibía que la delincuencia en su comuna había aumentado en el último año, y 60% de los entrevistados la percibían como más violenta que en el pasado.[75]

Por otra parte, en la Encuesta Adimark que mensualmente evalúa cómo es percibida la gestión del gobierno chileno, correspondiente a Abril de 2016, la delincuencia era el tema peor evaluado de la gestión del gobierno de la presidenta Bachelet: 8% de aprobación contra 90% de desaprobación de la gestión gubernamental frente a la delincuencia. Para tener una idea de lo que significaba aquella evaluación, piénsese que en una coyuntura de significativa desaceleración económica, temas como "empleo" y "economía" tenían una aprobación promedio, y similar entre sí, de 28% y una desaprobación de 66%.

El sistema en crisis de gestión: Una abrupta caída en la aprobación popular de las instituciones políticas

Para aquel tiempo, todo el gabinete de gobierno había visto caer su aprobación, desde un nivel del 58% cuando se cumplía el primer año de gestión (en enero de 2015), a un promedio relativamente estable de 47%, en las observaciones de los meses comprendidos entre abril de 2015 y abril de 2016.

Las encuestas de la época también mostraban que las dos principales coaliciones políticas de Chile, la gobernante Nueva Mayoría (centro-izquierda) y la coalición opositora Chile Vamos (centro-derecha), tenían también bajos niveles de aprobación y alta desaprobación por parte de la opinión pública.

La coalición gubernamental registró, en abril de 2016, una aprobación de 23%, lo cual representaba una caída sostenida desde el 52% alcanzado en los inicios del gobierno de Michelle Bachelet, en marzo de 2014. Como correlato de esto, su desaprobación había aumentado desde un 34% en marzo 2014 hasta el 65% registrado en abril de 2016. La coalición opositora, aunque había cambiado de nombre (y, pretendidamente, de "marca") mostraba un nivel de aprobación de 19% versus una desaprobación de 68%.

Algo similar ocurría con la evaluación de la labor de los diputados y senadores del Congreso de Chile. En ambos casos, la aprobación había caído en los dos años entre marzo de 2014 (cuando registró alrededor de 40%) y abril de 2016 (cuando la aprobación fue 16% en promedio). La desaprobación del parlamento aumentó en el período mencionado desde 47% hasta 78%.

Una respuesta inadecuada para un claro problema

La aprobación de la ley corta antidelincuencia, en general, y la ampliación de las facultades policiales para restringir las libertades individuales, en particular, parecen entonces ser más bien vehículos políticos que los actores clave utilizaban para instalar públicamente el mensaje de que estaban atendiendo esta grave preocupación ciudadana.

EL problema es que, como indicaron insistentemente algunos miembros de la academia chilena, organismos multilaterales y organizaciones de vigilancia en derechos humanos, el incremento de las facultades policiales implica unos costos sociales específicos y altos para determinados sectores, sin que haya evidencia de que sean efectivos para la reducción de los delitos y la desarticulación de la delincuencia organizada.

Harald Beyer, exministro de educación de Chile y, para el momento de escribir esto, director del prestigioso Centro de Estudios Públicos (CEP), fue muy elocuente en una carta publicada el lunes 23 de mayo de 2016, en uno de los principales diarios del país austral:

"Como la delincuencia es un preocupación prioritaria para la población, la legislación que aspira a controlarla suele ser un puente habitualmente utilizado para producir ese encuentro. Frente a esta aspiración quedan, a veces, en un segundo plano la efectividad y la conveniencia de las medidas que se promueven. La agenda corta que se acaba de aprobar es un reflejo de esta actitud. Así, por ejemplo, no importa que el control preventivo de identidad, a juzgar por experiencias similares en otros países, sea completamente inefectivo como medida para frenar la delincuencia y, en cambio, sea una fuente documentada de discriminación.(…) El paso del tiempo dejará en evidencia que se ha legislado mal y se ha cometido un error de proporciones."[76]

En un documentado estudio sobre este cambio legislativo, realizado por Mauricio Duce, profesor de la Universidad Diego Portales, y publicado en la Revista Estudios Públicos (Abril, 2016), se detallaban varias aristas clave del problema de esta Ley.

"…(E)l principal problema sigue siendo el entregar a las policías una facultad extremadamente abierta sin sujeción a límites o reglas que obliguen a justificar su decisión de controlar la identidad." [77]

Las policías, en general, y Carabineros de Chile, en particular, son cada día más evaluadas en función de estadísticas de la labor policial. Y leyes, como la recién aprobada, pueden alterar los incentivos sobre dónde y cómo utilizar los escasos recursos policiales.

Como Señala Mauricio Duce en su trabajo:

"Descansar en el control de identidad preventivo permite a las policías "subsistir" a través del desarrollo de estrategias de muy baja calidad, sin ninguna sofisticación, como, por ejemplo, salir a "pescar" vía controles masivos o "rastrillos"."

"Ese tipo de actividad sin lugar va a generar estadística policial. Si se organizan operativos masivos de control de identidad preventivos lo más probable es que se encuentren cosas, por ejemplo, personas que porten pequeñas cantidades de droga (para su venta o consumo personal). Esos casos darán un número que podrá ser invocado por las policías como un indicador de éxito. Con todo, la pregunta es si esa estadística reflejará un trabajo policial realmente focalizado en los problemas delictuales más relevantes." [78]

Discusión: Justicia procedimental, resentimiento y legitimidad del sistema político

Uno de los costos sociales relevantes de los enfoques legislativos basados en menores limitaciones a la facultad policial para el control de identidad, está representado por el sesgo de discriminación etaria, de clase y racial que hay en estos enfoques.

La investigadora Paz Irarrázabal expone muy bien este problema en un artículo publicado en la Revista Política Criminal (Julio, 2015):

"En esta última parte concluiré con una reflexión acerca de las consecuencias que para la justicia social en el espacio público puede implicar la existencia del control de identidad en el contexto chileno. Algunos factores que constituyen este contexto en que se ejerce el control policial son los siguientes: (a) una aún débil democracia que implica insuficientes controles institucionales y desde la sociedad civil en la protección de derechos; (b) preponderancia de un determinado discurso de "ley y orden", que fuera señalado más arriba; (c) desigualdad socioeconómica que se expresa en el espacio urbano en una marcada segregación y privatización de los espacios y (d) aumento de la diversidad en las ciudades. Una causa importante de dicha diversidad ha sido el sostenido arribo de migrantes rurales e inmigrantes principalmente de nuestros países vecinos. En este contexto la posibilidad de un desproporcionado impacto de la facultad policial en ciertos grupos desaventajados, como queda en evidencia en el caso inglés, debe ser objeto de especial preocupación." [79]

Con este cambio legislativo, tenemos un incremento importante en ciertas prerrogativas policiales que parecieran ser poco efectivas en la reducción relevante del delito, pero inequitativas en la distribución de sus costos sociales.

En este punto quiero introducir una hipótesis que el mundo político debería considerar: Las crisis de legitimidad de los sistemas políticos suelen estar vinculadas con resentimientos sociales concentrados en algunos segmentos importantes del mercado electoral, y con la instalación de la idea de que el sistema político tiene severas fallas de justicia procedimental y de igualdad de oportunidades.

Recordemos que la valoración de la justicia procedimental implica que lo que nos preocupa no son solo los resultados de una política sino el proceso, o procedimiento, por el cual se pretende alcanzar un resultado. Este cambio legal implica una falla relevante de justicia procedimental, con un claro sesgo clasista, etario y racial.

La acumulación de elementos de resentimiento y de percepción de injusticia procedimental suele fertilizar el terreno para el éxito electoral de políticos populistas, de aquellos que acuden a las bajas pasiones, a los sentimientos de exclusión que enemistan a grandes segmentos de la población con el sistema político imperante.

En los últimos tiempos la humanidad ha sido testigo del poder de esos populistas en captar el favor político de los excluidos. Hugo Chávez en Venezuela, el partido Podemos en España y, en el otro extremo ideológico,

Donald Trump en los Estados Unidos, son síntomas de que el resentimiento puede ser capitalizado políticamente, y con efectos negativos trascendentes. Ojalá que los políticos chilenos no estén abonando ese camino.

31 REGULACIONES VIRTUOSAS: NUEVA LEY CHILENA DE ETIQUETADO DE ALIMENTOS

El 27 de junio de 2016 comenzó a regir en Chile la nueva Ley de Composición Nutricional de los Alimentos y su Publicidad, conocida coloquialmente como "ley de etiquetado de alimentos".

Uno de los objetivos centrales de esta nueva normativa es mejorar la efectividad de la recepción de información nutricional por parte de la población. En particular, en aquellos casos en los cuales los alimentos presentan contenidos excesivos de determinados nutrientes.

Un supuesto clave de esta nueva Ley, y de su reglamentación, es que "existen antecedentes científicos y técnicos que demuestran la relación entre el consumo excesivo de grasas saturadas, sodio, azúcares y energía y el desarrollo de obesidad y otras enfermedades no transmisibles." [80]

Chile: Líder sudamericano en Sobrepeso y Obesidad femenina

Las estadísticas más recientes de la Organización Mundial de la Salud (OMS) muestran que Chile es líder de sobrepeso en Sudamérica y ocupa el tercer lugar en todo el continente americano, solo detrás de México y los EEUU. En el caso de la obesidad femenina, se mantiene el mismo orden descrito para el sobrepeso, con Chile liderando el indicador para Sudamérica.

El indicador estimado por la OMS es el Índice de Masa Corporal (BMI, por sus siglas en inglés), el cual se calcula dividiendo el peso de una persona, en kilogramos, entre el cuadrado de su altura, en metros. El criterio estándar es que un resultado mayor a 25 indica sobrepeso, y mayor a 30 indica obesidad. Como puede observarse en la infografía realizada por el Diario español El País, con base en los datos de la OMS, Chile registró en 2014 un indicador promedio global de 27,8 (sobrepeso) y las mujeres chilenas registraron para esa misma fecha un indicador promedio igual a 32,2, el cual sugiere obesidad.

Pero el problema latente puede ser aún mayor de lo que muestran las cifras anteriores. En el caso de Chile, el BMI promedio aumentó entre 2010 y 2014, desde 25,3 hasta 27,8. Además, la incidencia de sobrepeso en los niños es alarmante. Según los estudios realizados por el Instituto de Nutrición y Tecnología de los Alimentos (INTA) de la Universidad de Chile, la obesidad infantil mostraba en el año 2014 cifras cercanas al 30%.

"Esto es de gran trascendencia para el futuro del país, ya que las primeras tres causas de altas hospitalarias son por hipertensión arterial, diabetes y obesidad, las tres directamente relacionadas con la alimentación", señalaba Fernando Vio del Río, Profesor Titular de la Universidad de Chile y Académico del INTA en un artículo publicado en el 2014.[81]

Los detonadores

Como sugieren los especialistas, la obesidad y el sobrepeso, en general, y la obesidad infantil, en particular, son factores de riesgo vinculados con la incidencia de enfermedades cardiovasculares, diabetes y cáncer.

Podemos inferir entonces que la externalidad negativa que generan el sobrepeso y la obesidad a toda la sociedad es de magnitudes preocupantes, y que esto actúa como el disparador o detonante principal de los cambios regulatorios como la nueva Ley de Etiquetado de Alimentos.

La "idea-pivote" sería algo así: las decisiones de consumo de alimentos y de nutrición asociadas estarían siendo afectadas significativamente por la información disponible para el consumidor en el momento de la decisión de compra.

La estridencia del impacto de los patrones alimenticios o nutricionales de la población en el deterioro de los indicadores de sobrepeso y obesidad, por una parte, y la traducción de estos indicadores en los gastos de salud del Estado y de las familias chilenas, por la otra, han generado una presión política tan relevante que ha impulsado a una mayoría de los parlamentarios chilenos a aprobar la comentada Ley.

El cambio regulatorio

Con la nueva Ley de Etiquetado de Alimentos se obliga a las empresas a mostrar de manera llamativa los excesos de determinados componentes, mediante la inclusión de octágonos llamativos de color negro en los envases que señalan "Alto en…", para los casos de al menos cuatro categorías:
- Grasas saturadas,
- Calorías,

* Sodio, y
* Azúcares

La discusión teórica subyacente: Economía neoclásica, Economía conductual y *Nudge* [82]

Más allá de la discusión sobre este cambio regulatorio en sí mismo, hay una discusión que para mí resulta muy atractiva: la discusión sobre las hipótesis o teorías económicas que subyacen a este cambio.

El modelo de la elección racional

Durante el último siglo, el modelo dominante en el análisis de cómo elegimos los consumidores ha sido uno conocido como el modelo de la elección racional. Este es el modelo básico que es tradicionalmente estudiado en los cursos de microeconomía, en la mayoría de las universidades del planeta. Ha ganado su reputación debido a que es un modelo robusto, relativamente sencillo y con una alta capacidad para predecir situaciones del "mundo real".

Bajo este modelo, los individuos tomamos decisiones combinando nuestras preferencias (¿qué cosas o resultados nos gustan más que otros?) con las restricciones que enfrentamos (¿Qué nos impide acceder a lo que nos gusta? ¿ingreso? ¿tiempo? ¿información?). Bajo este modelo, las preferencias son tomadas como dadas, exógenas, y sobre todo como "independientes de las referencias". Donde esto último significa que la elección de un consumidor no se ve afectada si es que la etiqueta señala que un producto es "95% libre de grasas" o si se dice que el producto contiene "5% de grasa". La referencia no es relevante para los resultados, ya que ambas maneras de especificar el contenido de grasa serían idénticas.

El modelo conductual

Como suele ocurrir en la ciencia, cuando surgen observaciones de situaciones o resultados que contradicen las predicciones del modelo A, entonces se buscan modelos alternativos que permitan explicar la evidencia o los hallazgos en contrario. En términos generales, diríamos que tenemos la necesidad de buscar esquemas de explicación diferentes.

La economía conductual es un método de análisis económico que aplica al análisis del proceso de toma de decisiones económicas algunas proposiciones de la sicología y la neurociencia cognitiva sobre la conducta de los humanos. En particular, la economía conductual nos habla sobre cómo las preferencias son afectadas por variables emocionales, cognitivas y sociales.

A partir de incorporar este aprendizaje que podríamos llamar "inter-ciencias", la economía conductual realiza predicciones sobre la conducta individual que son falsables y contrastables empíricamente. En este sentido, esta rama de la economía es un complemento del modelo de la elección racional. Se modifican algunos supuestos, pero muchos otros son conservados de manera que se tiene cierto "enriquecimiento" del modelo inicial.

En primer lugar, se modifica el supuesto de exogeneidad de las preferencias y se incorpora el hecho de que las preferencias de un individuo pueden depender del contexto y la situación en que éste se encuentre. Se postula entonces, por ejemplo, que las personas pueden evaluar las variaciones con respecto a un punto de referencia, lo cual se denomina "Anclaje".

Como señala Cass Sunstein, en un ensayo titulado "Regulación Informada Empíricamente" [83]:

- Las personas pueden ser influenciadas por la manera como la información es presentada o "enmarcada". Por ejemplo, si un producto es etiquetado como "90% libre de grasa" puede ser más atractivo para los consumidores que si es etiquetado como que contiene "10% de grasa"; y

- La información que es vívida o que resalta a la vista puede tener un mayor impacto en la conducta que la información que es estadística y abstracta. Por ejemplo en relación con la salud del público, la información que es presentada de manera más expresiva o impresionante puede ser más efectiva, o capturar mejor la atención, que la información más abstracta de las estadísticas de riesgo.

A estas alturas es muy fácil notar que el cambio regulatorio chileno está basado en los hallazgos de la economía conductual experimental. Muchos de los postulados de este híbrido entre el modelo de elección racional y los postulados de la sicología han sido contrastados empíricamente usando experimentos con personas. Lo que se ha dado en llamar la economía experimental es una rama que ha germinado en los últimos años y ha dado valiosos frutos para el análisis de los efectos de la regulación.

Aplicaciones al diseño regulatorio

La arista de la economía que se ha concentrado en el análisis de las elecciones, con fines principalmente de calibración regulatoria, es lo que se ha denominado "Empujoncito" (*Nudge*, en inglés): Un cambio en la arquitectura de elección que influencia la decisión de un individuo sin ser intrusiva, en términos de la microeconomía, es decir, sin restringir el conjunto de elecciones alcanzables ni elevar los precios de los productos.

En el caso de los alimentos, estaríamos hablando literalmente de "Empujón Asistido" o "*Assisted Nudge*", lo cual significa que las firmas son reguladas cambiando la arquitectura de elección, sin limitar la elección del consumidor directamente, sino, por ejemplo, requiriendo a las empresas que revelen la información de sus productos de determinada manera.

Conclusiones

El cambio regulatorio expresado en la nueva Ley de Etiquetado de Alimentos de Chile parece inspirado en las proposiciones de la economía conductual. Frente a una demanda política de intervención, dirigida a atacar un problema de salud implícito en las elecciones de consumos de alimentos de las familias, el regulador eligió usar los preceptos del *Nudge*, específicamente, del "*Assited Nudge*", antes que modificar los precios usando impuestos o subsidios, o usando prohibiciones.

El regulador eligió usar una herramienta que no es intrusiva ni en los precios ni en el conjunto de elecciones factibles del consumidor. En términos económicos diríamos que este es un tipo de regulación poco distorsionante de la eficiencia.

Anecdóticamente, puedo decir que mis propias decisiones de compra se han visto modificadas desde que han comenzado a aparecer los productos en el supermercado con las nuevas etiquetas. El comportamiento agregado pudiese observarse en el corto plazo, si el regulador tuviese acceso a los patrones de compra, que están reflejados en las estadísticas de los sistemas de seguimiento y registro de compras que las grandes cadenas de *retail* tienen asociados a sus "clubes de clientes" ("Mi Club Lider", en el caso de Walmart-Chile).

Para evaluar el éxito relativo de esta estrategia regulatoria, debemos observar al menos dos cosas. Lo primero es si hay variaciones relevantes en las decisiones de consumo de las familias, y consecuentemente en los índices de sobrepeso y obesidad. Lo segundo es si las empresas cambian la composición de los alimentos, hacia mezclas más saludables, como una manera de evitar alcanzar los límites a partir de los cuales se requiere de cierto tipo de etiquetado.

32 ¿QUIÉN ASESORABA A LA PRESIDENTA CHILENA MICHELLE BACHELET?

Desde comienzos de 2015, la presidenta chilena Michelle Bachelet parecía estar cayendo por una escalera de traspiés políticos, y no se visualizaba algo parecido a una rampa de frenado.

Desde que los primeros días de febrero de 2015, la revista Qué Pasa publicara el primero de una cadena de reportajes sobre los negocios de su nuera, la presidenta Bachelet parecía estar presa en una telaraña, que ante un nuevo movimiento la atrapaba mejor, la envolvía en una gasa pegajosa y la limitaba cada vez más.

Como en el cuento de las personas que partieron teniendo poco dinero en efectivo para hacer frente a sus gastos de corto plazo, y comenzaron a apostar a la lotería como una forma de ganar dinero rápido, y se endeudaron a una altísima tasa de interés para obtener dinero con que apostar, y a la postre convirtieron el problema de liquidez (no tener efectivo en un momento dado) en un problema de solvencia (no tener capacidad de pago en el largo plazo), así la presidenta Michelle Bachelet se hundía mes tras mes en una arena movediza de piso inalcanzable.

Entre marzo de 2014 y mayo de 2016, la popularidad presidencial había caído estrepitosamente. Hasta justo antes del destape del caso de su nuera, la presidenta había perdido 10 puntos de aprobación. Desde aquel momento hasta hoy (mayo, 2016), había perdido otros veinte puntos adicionales.

¿Cómo explicar este deslave político?

Mi hipótesis es que, entre todas las variables que explican el derrumbe político de la presidenta chilena, hay una variable sobre la que vale la pena detenerse: la manera como la presidenta respondió a las revelaciones que involucraban a su familia en una serie de hechos oscuros. He sostenido en otros escritos que apuesto por la incidencia crucial de esto último. La presidenta fue timorata y evasiva, mostró poca determinación a la hora de explicar los hechos, de asumir sus propias responsabilidades (aunque solo hubiese sido la de no darse cuenta a tiempo de las jugadas de sus familiares) y de querellarse públicamente con una manera de proceder, con el uso de las conexiones políticas para hacer negocios bajo su propia sombra.

La querella de la presidenta contra unos periodistas

El jueves 26 de mayo de 2016, la revista Qué Pasa publicó una nota, en su edición on-line, en la que mostraba las transcripciones de una interceptación telefónica a uno de los formalizados en el Caso Caval, Juan Díaz. (El caso Caval es el caso que involucra, entre otros, a la nuera de la presidenta Bachelet).

En la conversación telefónica interceptada se vinculaban con distintos ilícitos a personajes influyentes de la política y los negocios en Chile. Esto incluía a Pablo Longueira (figura clave del partido más extremo e importante de la derecha, la UDI, ex-ministro, y actual investigado por presunto cohecho), Herman Chadwick padre y Herman Chadwick hijo, Gonzalo Cornejo, los abogados del empresario Andrónico Luksic, Hugo Rivera y Sergio Bunger, y la presidenta de la República, Michelle Bachelet. Varias de estas personas, con la obvia excepción de la presidenta Bachelet, están vinculadas de una u otra forma con la derecha política chilena.

Esta nota de la edición on-line sería pronto censurada por la propia revista, y eliminada de su página web. Sin embargo, en la edición impresa de la revista publicada un día después (viernes 27 de mayo de 2016), se refirió la misma conversación telefónica interceptada que comentamos arriba, pero esta vez solo se mencionó a la presidenta Bachelet, y se omitieron los nombres de las demás personas mencionadas en la edición web del día anterior.

La controversia

Uno de los puntos más controvertidos de esta estrategia periodística de la revista Qué Pasa, es la explicación del cambio entre la previa publicación on-line y lo publicado en la edición física de la revista, cuyo elemento central es la desaparición de los nombres de todos los involucrados menos el de la presidenta. ¿Representa esto un caso de manipulación periodística dirigida a injuriar a la presidenta chilena? Supongamos que la respuesta es positiva. ¿Qué debe hacer la presidenta Bachelet?

En una primera respuesta, la presidenta Bachelet declaró lo siguiente: "Desmiento tajante y categóricamente toda esa información. Es una canallada y no descarto un montaje. Estoy estudiando las acciones legales que podemos tomar, porque basta de mentiras".[84]

"En ese acto de edición y de confección de esta nota que aparece en la revista, nos queda claro que lo único que han tenido a la vista quienes realizan esta labor, es injuriar y afectar la reputación de la presidente", declaró posteriormente Juan Pablo Hermosilla, abogado de Michelle Bachelet, en el marco de la presentación de una querella judicial contra cuatro periodistas relacionados con la autoría del reportaje definitivo y con la estrategia periodística de la revista Qué Pasa.[85]

Una querella de este tipo, por parte del presidente de un país, tiene pocas justificaciones políticas y ninguna justificación ética. La decisión de participar en la representación y el protagonismo político de alto nivel implica que las personas renuncian a cierto grado de intimidad y albedrío personal, para encarnar un rol público. Michelle Bachelet dejó de ser un poco Michelle Bachelet para convertirse, voluntariamente, en la presidenta Bachelet.

Un medio de comunicación puede ser fácilmente acusado de manipular la información. Y a menudo hay evidencias, más toscas o más sutiles, de esto. Desde aspectos formales sobre cómo se titula, cómo se ubican las noticias entre sí, qué tamaño y color de letras se usan, hasta temas más de fondo, el periodismo siempre ha estado y estará cerca de la frontera entre información y manipulación.

Hay una discusión sobre la ética periodística que no es menor, que debe estar presente en las escuelas de periodismo y en los cánones de gobierno corporativo de los propios medios.

Pero la historia parece enseñar que las ventajas de una prensa libre, que indague, investigue, revele y escrute a los políticos y sus relaciones, más que compensan a los riesgos de manipulación. Frente a estos últimos, la mejor vacuna es la diversidad, la proliferación de medios con diferentes líneas editoriales, la transparencia de los políticos y su determinación a enfrentar los desafíos reputacionales con responsabilidad, claridad y dirección.

Nada de esto último parecían conocer, o poder comunicar, los asesores de Michelle Bachelet. Antes de pensar siquiera en querellarse contra unos periodistas, Michelle Bachelet ha debido querellarse públicamente contra la manera de hacer negocios de su nuera y contra los elementos de responsabilidad de su hijo. Esa era la querella que valía la pena, y que la presidenta y sus asesores ignoraron.

¿Quién asesoraba a Michelle Bachelet?

33 COLOMBIA: EL ACUERDO DE PAZ Y EL DÉJÀ VU DE CHÁVEZ

Miércoles 28 de septiembre de 2016, 10:00 de la mañana. Dos amigas discuten en un café, cerca del Parque de la 93, en Bogotá, sobre el plebiscito del acuerdo de paz que se realizaría el próximo domingo. A la que habla más fuerte la llamaremos Una, y a su amiga la llamaremos Otra.

Una es periodista y académica, Otra es gerente de comunicaciones de una importante transnacional. Una es venezolana, pero desde hace 15 años vive en Colombia. Se ha adaptado tanto que considera a Colombia como su segunda patria. Desde hace varios días, insiste en convencer a Otra para que vote No.

La argumentación de Una discurre de la siguiente manera:

1. Las FARC son un grupo político que navega entre el crimen y un programa político muy similar al ejecutado por el chavismo en Venezuela.

2. El hecho de que la guerra haya durado 50 años, y que el gobierno colombiano no haya podido derrotar militarmente a las FARC, no es un argumento válido para terminar la guerra, ya que esta es lo que habría evitado que las FARC derrotaran militarmente a la institucionalidad colombiana. De allí que la guerra sería una estrategia exitosa de resistencia democrática.

3. El acuerdo favorece a las FARC y estaría alineado con el "aprendizaje" de la izquierda procubana latinoamericana, de que la legalización política y la participación electoral son una vía más directa y efectiva para la toma del poder que la estrategia militar.

4. Cuba habría ayudado a la cristalización del acuerdo por su interés en

extender la cobertura geográfica de los países gobernados por sus socios ideológicos.

5. El acuerdo de paz y la participación política de las FARC conducirán, indefectiblemente, al triunfo electoral de estas en un futuro cercano. Hugo Chávez en Venezuela, y los casos de los Kirchner, Evo Morales y Rafael Correa, serían ejemplos de que la facción de los antisistema puede fácilmente acceder al poder por vía electoral en América Latina.

6. Los efectos del triunfo electoral de esta facción son devastadores, institucional, económica y culturalmente. La tragedia humana que vive Venezuela sería algo así como la anticipación de lo que podría ocurrir en Colombia.

7. La única forma de evitar esta catástrofe sería rechazando electoralmente el acuerdo de paz, aunque esto implique mantener la guerra. Solo la inhabilitación política de las FARC evitaría la debacle de Colombia, por lo que la guerra, en realidad, es menos costosa que su alternativa.

Llamaré "el Déjà Vu de Chávez" a las ideas expresadas por Una, debido a lo comprensible que resulta que una venezolana antichavista piense "esto ya lo viví", frente a aquello que le recuerde el ascenso de Hugo Chávez al poder. Es la típica metáfora de la sensibilidad desarrollada por quien ha sido mordido por una serpiente.

Una termina su alerta sobre el Déjà Vu de Chávez señalando que, así como un día abandonó Venezuela huyendo de la catástrofe chavista, no dudaría en abandonar Colombia si se repitiese aquel escenario.

El argumento del Déjà Vu de Chávez da por cierto que, de ser legalizadas, tarde o temprano las FARC ganarían la presidencia del país, de manera similar a como lo hizo Hugo Chávez en Venezuela en 1998, y a como luego lo hicieron Evo Morales, Rafael Correa y los esposos Kirchner en sus países.

Esto nos lleva a revisar por qué los populistas de izquierda han ganado la presidencia en algunos países de América Latina. Los principales hallazgos de quienes han estudiado estos casos coinciden en que los populistas ganan las elecciones debido a una mezcla entre factores de oferta y de demanda.

La oferta es básicamente la aparición de un personaje carismático, diestro en el uso del lenguaje y la comunicación, el cual plantea su aspiración como una lucha del pueblo contra una élite oligárquica inmoral, que ha esquilmado al país. Esta querella moral introduce en la interacción política a un maniqueísmo que reduce las diferencias a una conflagración entre el bien y el mal.

En el lado de la demanda está aquello que lleva a los electores a inclinar la balanza hacia la opción populista y las políticas que esta propone. Los estudios muestran que los electores son motivados a votar por los populistas por una mezcla de: a) Corrupción generalizada del sistema político; b) Políticas económicas fallidas que han deteriorado el estándar de vida; y c) Una percepción generalizada de impunidad en los delitos que mezclan política y negocios.

¿Están presentes estos elementos en Colombia?

Podemos acordar que existe una probabilidad de que emerja un líder carismático que capitalizara el descontento. Pero la preocupación de Una debería enfocarse en los llamados "factores de demanda". Si estos factores están presentes en Colombia (lo cual no es claro), el problema no sería el acuerdo de paz con las FARC. El problema real es que el sistema político habría generado una importante demanda de populismo.
Si esta demanda fuese muy grande en Colombia, la solución no es votar en contra del acuerdo de paz. Lo que Una debería organizar es su salida de un país cuyo sistema político empuja a los electores a "comprar" populismo. El populismo es un síntoma, no la propia enfermedad.

34 COLOMBIA VOTA NO: HIPÓTESIS PARA EXPLICAR EL RESULTADO

El electorado colombiano sorprendió a muchos en el atardecer del dos de octubre de 2016. Contra las expectativas de los entendidos, contra lo esperado por muchos opositores, contra el consenso de las encuestadoras, Colombia dijo No.

Puede hablarse del estrecho margen, puede hablarse de la alta abstención, puede hablarse de la distribución geográfica de las preferencias, pero lo cierto es que Colombia dijo No.

¿Qué hipótesis explican el resultado?

Con todo lo que esto signifique, el resultado es un ingrediente que fertiliza la discusión política e institucional sobre la región. Era muy simple tener que explicar un triunfo del Sí y desde siempre la realidad se empeña en ser más compleja que la ficción.

El efecto "Justicia"

Uno de temas más complejos alrededor de un acuerdo como el votado está representado por las tensiones entre tres miradas de la justicia:
- La justicia, a secas
- La justicia transicional
- La justicia procedimental

Por Justicia a secas me refiero, principalmente, a las demandas levantadas por las víctimas y sus dolientes de llevar ante la justicia ordinaria a los responsables de los delitos cometidos durante el conflicto. Comenzando con los delitos de lesa humanidad (masacres, asesinatos, torturas, violaciones, secuestros) y desde allí abarcando las responsabilidades con los dolores y costos generados. Muchas víctimas quieren una justicia efectiva y proporcional, y el acuerdo puede haber significado un grado de excesiva lenidad.

El segundo nivel de la discusión es lo que se llama Justicia transicional, la cual implica un acuerdo sobre un grado de impunidad que se aceptará como el precio de la disposición de los insurgentes a abandonar el conflicto violento, y a canalizar sus intereses políticos a través de las instituciones formales. Los términos acordados de justicia transicional representan el precio a pagar por el abandono de la violencia, y esto siempre comprende un grado de impunidad. Un segmento de los electores puede considerar que el precio establecido por el acuerdo es más alto que lo que se está dispuesto a pagar.

La tercera mirada de la discusión es lo que se llama Justicia procedimental, y se refiere a la evaluación del proceso de negociación, de cuánto fueron tomados en cuenta los intereses relevantes, de cuánto se consultaron los términos del acuerdo entre los jugadores políticos con mayor presencia. La transparencia, el grado de consulta previo al acuerdo, el método o criterio de selección de los participantes y mediadores, todos estos son elementos que afectan la "aceptabilidad" de un acuerdo como el votado. Muchos electores pueden cuestionar la manera como se llegó al acuerdo, el proceso, más que el acuerdo en sí mismo.

El efecto "Eje del mal o Déjà Vu de Chávez"

Una segunda variedad de factores explicativos del resultado del plebiscito de octubre de 2016, es lo que he llamado, caricaturizando un poco la imagen, el efecto Eje del mal (o Déjà Vu de Chávez). Este efecto se refiere a las implicaciones que tuvo el protagonismo de Cuba y Venezuela en las negociaciones, sobre los escenarios políticos que los electores visualizaban como consecuencias del acuerdo de paz. Las asociaciones del modelo económico y político cubano, y la estridente cercanía de Venezuela, dibujan un escenario que quizás sea muy amenazante para muchos colombianos. La evidencia de la tragedia humana venezolana es muy cercana y aterradora, como muestran los resultados en el Departamento Norte de Santander (principal frontera con Venezuela), en el cual el No obtuvo 64%, contra 36% del Sí.

El miedo al escenario del populismo de izquierda tipo-Venezuela, empuja a muchos electores colombianos a demandar un grado de inhabilitación política para las FARC y sus líderes, como una barrera institucional a la entrada de una oferta "chavista" en Colombia. Este efecto podría ser asociado con la máxima propuesta por Karl Popper, autor de un libro llamado "La Sociedad Abierta y sus Enemigos", quien plantea que no se puede ser tolerante con los intolerantes, debido a que su entrada al sistema es el inicio de la destrucción "desde adentro" de las libertades democráticas.[86]

El efecto "Costo directo de la guerra"

El tercer efecto que pudiera estar presente como catalizador del resultado, emerge del balance entre los costos y beneficios de la guerra según la cercanía geográfica de esta. Una mirada preliminar a la distribución geográfica de los resultados, podría facilitar el énfasis de que la votación contraria al acuerdo es mayor en las regiones con menor exposición directa a la guerra. Con las excepciones del Norte de Santander y del Arauca, el No ganó en los departamentos del centro geográfico de Colombia y el Sí ganó en la periferia. Puede entonces postularse que en la periferia, donde se ha pagado un mayor costo directo por la guerra, se votó a favor del acuerdo porque el costo de la guerra pesaría más que sus beneficios. Justo la cuenta inversa que la que puede sacar un residente de Bogotá o Medellín.

Conclusiones

La tensión entre las tres miradas de la justicia suele implicar que el alcance de un tipo de justicia requiere el sacrificio de otra. Objetivos de justicia transicional suelen requerir el sacrificio de la justicia a secas (habría un grado de impunidad) o de la justicia procedimental (partes del proceso deben ser secretas y excluyentes de algunos actores). Esta es una fuente de motivaciones encontradas para los electores, según el énfasis que éstos le otorguen a cada mirada de la justicia.

Podemos finalmente postular que la negativa revelada el domingo 02 de octubre al acuerdo de paz propuesto por el Presidente Santos, está determinada por una mezcla entre los factores explicativos que hemos esbozado acá. Los efectos "Justicia", "Eje del mal", e "Intensidad del costo del conflicto" se complementarían para explicar la negativa al acuerdo propuesto. La información que vaya surgiendo y el análisis que la acompañe nos dirán cuánto pesó cada efecto en el resultado observado.

Pienso, ojalá no con demasiada ingenuidad, que el resultado no implica un retroceso del proceso de paz sino una prolongación de las negociaciones, con un cambio en el poder de negociación relativo de las partes. Ahora toca ver al Centro Democrático de Uribe, y a los otros actores relevantes del NO, jugar a la política para transformar este resultado en el logro de un mejor acuerdo de paz.

¡Que así sea!

35 URIBE HA PERDIDO CON EL NO: POLÍTICA FICCIÓN EN COLOMBIA

Hace ya siete días desde que aterricé en Bogotá, ciudad maravillosa a la que me he trasladado para analizar, in situ, los intríngulis del plebiscito sobre el Acuerdo de Paz.

Mi tarea es dibujar escenarios, desnudar elementos del juego político que no son obvios para los tomadores de decisiones, destacar los detalles que se les escapan a los asesores. Todo esto hilvanado en una visión que tenga sentido y sea coherente con los principios de la interacción estratégica.

No voy a distraerlos con glosas metodológicas ni con alardes teóricos que pueden lucir fuera de lugar. Pero créanlo, este tejido de posibilidades ha salvado vidas, evitado costosas guerras y prevenido catástrofes políticas. El análisis consiste en aplicar un criterio a unas determinadas secciones de información, analizar los cambios en la situación de las partes, abstraerse un poco para ver la película completa y, con base en todo esto, presentar unas ideas a personajes que poseen las verdaderas palancas de la influencia.

Vayamos al grano.

Principales líneas de análisis:

1. Con el resultado del plebiscito del domingo 02 de octubre de 2016 el gran ganador es el equipo negociador del gobierno.

Supongamos que el objetivo de los miembros del equipo negociador del gobierno es alcanzar la paz con el menor grado de impunidad posible. Imagínese que el acuerdo votado representaba lo mejor que pudo alcanzar un negociador. Una victoria del Sí representaba permanecer en un corte de la negociación, justo a donde alcanzó a llegar el acuerdo. Una victoria del No implica la necesidad de correr un poco las condiciones del acuerdo (hacia una menor impunidad o mayores barreras de acceso al sistema político), dada la legitimidad comprada por el resultado de un evento electoral en el que participaron todas las partes.

La victoria del No, y la significación del primer evento electoral en el que participan directamente las FARC, es entonces un elemento que le otorga a los negociadores gubernamentales la legitimidad para empujar los términos del acuerdo un poco más a su favor. Si hubiese ganado el Sí, las FARC hubiesen reclamado que aquel resultado legitimaba las concesiones de impunidad logradas. Pero resulta que se ha impuesto el No y ahora el costo de salida para las FARC se ha elevado sustancialmente.

2. Si se saben dominar algunas tensiones, el presidente Santos podría también derivar ganancias reputacionales de largo plazo.

El camino que él recorrió hacia la paz es visto ahora como parte del camino ganado. El resultado supone la mejora del acuerdo más que su desaparición. Santos podría entonces aún ser el presidente que firmó el acuerdo de paz, un mejor acuerdo de paz que el propuesto inicialmente, y el líder de un proceso de inclusión política exitoso. Sin el camino andado por él, ese acuerdo no sería posible, y sin el proceso liderado por él, no habría sido posible cerrarlo.

3. El gran perdedor del plebiscito son las FARC.

Este grupo y sus aliados cercanos le apostaron a la legitimación electoral de las negociaciones, del acuerdo y sobre todo de su compromiso con la competencia política institucionalmente regulada. Ahora se encuentran en un punto en el que la mitad del país que se manifestó apoya el acuerdo y el camino institucional de resolución de los desacuerdos políticos, y este camino implica la aceptación de las reglas de juego electoral y la necesidad de negociar políticamente a partir de la representación ganada en elecciones. Las FARC ganaron un grado de representación, pero a cambio está obligada a reconocer la representación de los defensores del No.

Las primeras manifestaciones de los miembros de las FARC apuntan a que el plebiscito no tiene valor jurídico, sino sólo valor político, y como tal no incide en los acuerdos. Pero este es un argumento inconsistente. En democracia, las divergencias extremas se resuelven políticamente. La verdad política está a menudo por encima de la verdad jurídica. Esta postura inicial solo revela su expectativa de que tendrán que ceder un poco más y sólo persigue enviar una señal que permita administrar de la mejor manera a las inevitables concesiones. El costo de retroceder demasiado es ahora muy alto para el grupo guerrillero.

4. El resultado tiene fuertes efectos encontrados para Álvaro Uribe.

La idea de que Uribe estaría hoy en el peor escenario posible, se la debo al escritor y analista político colombiano Yezzid Arteta Dávila. En un artículo publicado pocas horas después del plebiscito, en la revista colombiana "Semana", Dávila señalaba que el uribismo hubiese estado más cómodo en un escenario en el que el Sí ganaba por un estrecho margen. Esto le hubiese permitido capitalizar las ganancias derivadas de liderar la oposición de la mitad del país al acuerdo, sin tener que pagar los costos derivados de estar adentro de la negociación y ser responsable de las concesiones inherentes a esta. Ahora el uribismo perdió esa opción.[87]

En los últimos días de campaña por el No, el desafío de los opositores al acuerdo era ganarse a los sectores moderados. Para esto, debieron hacer creíble la idea de que ellos querían la paz, "pero no la paz del acuerdo inicial". Ahora, tienen la aprobación electoral para negociar esa mejor paz, pero esto implica aceptar el costo de los compromisos necesarios para cerrar un mejor acuerdo.

...

Por unas horas debo detener este análisis, mientras mis fuentes actualizan la información sobre lo que ocurre en La Habana.

Este primer reporte incluye sólo los grandes rasgos de un juego mucho más complejo y sofisticado. Así se lo he hecho saber a quienes compran mis servicios. Ellos me piden que les diga algo distinto al ruido básico y mecánico que producen los medios convencionales. "Esto es simple política ficción", les repito una y otra vez, pero mis clientes se empeñan en pagar por escuchar de estas elucubraciones.

Mientras tanto, yo disfruto de los buenos cafés, de las librerías y de largas caminatas por una ciudad que un día fue infernal pero que hoy se me regala amable.

36 UNA REVOLUCIÓN EN POLÍTICA AMBIENTAL Y NO ES LO QUE UD. PIENSA

La historia de la humanidad es también la historia de la devastación de la naturaleza. Hubo lagos con vasta fauna y flora acuáticas que devinieron en depósitos de agua muerta, hedionda, oleaginosa; lagos que primero fueron pescados en exceso y luego convertidos en vertederos, en letrinas, en depósitos baratos de fluidos corrosivos, de escombros y chatarras. Hubo, también, pastizales fecundos que devinieron en desiertos de arena y grava gruesa, después de haber sido pastadas sus raíces con excesos rumiantes. Hubo montañas reducidas con la búsqueda furiosa del oro y del cobre, de la plata y el hierro que sostienen y adornan catedrales del odio y la vergüenza. Hubo también paisajes denigrados con fines nobles, con pequeñas intenciones individuales que involuntariamente convocaron la ruina colectiva. Hubo ríos gloriosos que devinieron en caudales de fangos, que dejaban al margen procesiones de peces descompuestos y una alfombra de vísceras enfermas.

También conciencia ha habido y hubo y hay. La historia de esta conciencia es también la historia de la política ambiental, de la búsqueda de mecanismos y de instituciones para prevenir, detener y revertir la degradación del ambiente. Los primeros intentos de frenar la devastación se expresaron en prohibiciones, multas e impuestos asociados con la fijación de estándares de las emisiones y descargas de residuos, y con limitaciones o cuotas a la extracción de recursos. Sin embargo, debido a los altos costos de vigilancia y monitoreo y a las posibilidades de sobornos y corrupción de los funcionarios encargados de la vigilancia, por una parte, y a la ausencia de motivaciones para la innovación por parte de las empresas e individuos regulados, por la otra, este enfoque conocido como "comando y control" pronto demostró un alto grado de ineficacia para proteger los recursos de uso común, tales como lagos, ríos, mares y bosques comunales.

La realidad de este fracaso regulatorio fue abordada por académicos y expertos y así, a principios de la década de 1960, Ronald Coase, profesor de la Escuela de Economía de Londres y de la Universidad de Chicago, lanzó la idea de que en la base de los problemas de contaminación está el hecho de (1) que no estén asignados derechos de propiedad sobre los bienes contaminados, por ejemplo, el aire, los ríos o los mares; y (2) que la transacción o negociación entre quien contamina y quien sufre los costos de esta sea sumamente costosa o difícil. Estas dos sencillas ideas se convirtieron en un nuevo paradigma de la regulación y la política ambiental: si creamos instituciones que asignen derechos de propiedad de los bienes, y si estas instituciones también reducen los costos de llegar a acuerdos vinculantes, entonces muchos problemas pueden ser resueltos. En la jerga de los economistas, las externalidades negativas (e.g., la polución) puede ser internalizada cuando quien contamina puede compensar a los "propietarios" del bien contaminado. De esta manera se reducen los incentivos para contaminar (porque se eleva el costo directo de hacerlo) y quien sufre las consecuencias sería satisfactoriamente compensado.

Gracias a la trascendencia de esta idea, que fue bautizada como "el teorema de Coase", Ronald Coase obtuvo el premio Nobel de Economía en 1991, y gran parte de la regulación ambiental global se orientó a usar mecanismos de mercado para lograr objetivos ambientales. Si, por ejemplo, un lago tiene dueño, y existe fluidez jurídica, procesal y administrativa para que este dueño logre proteger su propiedad, entonces casi todo el problema podría ser resuelto.

En términos prácticos este enfoque regulatorio ha funcionado, o al menos ha funcionado mejor que la anterior filosofía de "comando y control". Sin embargo, para muchas personas esta solución estaba aún lejos de lo socialmente deseable: esta filosofía implicaría que se ve a la naturaleza como una cosa, como un objeto inerte y, en el peor de los casos, como una mercancía.

Pero en marzo de 2017, en Nueva Zelanda, ocurrió una revolución que quizá socavará de una vez y para siempre las bases del paradigma regulatorio más efectivo que habíamos conocido.

En Nueva Zelanda hay una tribu de raíces maoríes, la tribu de Whanganui de la Isla del Norte, que debe su nombre al Río Whanganui, y que lleva 140 años diciendo que este río es su ancestro, que ellos descienden de "él" y que esto debe ser legalmente reconocido. Durante estos 140 años, hasta marzo de 2017, esto resultaba difícil de aceptar bajo nuestro paradigma "racional-occidental".

Después de 140 años de controversia y negociación, el Río Whanganui ha sido reconocido por el Estado de Nueva Zelanda como un ser vivo, y como tal se le han otorgado los mismos derechos legales que tiene un ser humano.

Como ha dicho esta semana Gerrard Albert, el actual líder negociador representante de la tribu Whanganui: "Nosotros hemos luchado para conseguir una aproximación legal para que todos puedan entender que, desde nuestra perspectiva, lo correcto es tratar al Río Whanganui como un ser viviente, como un todo indivisible, en lugar del modelo tradicional vigente durante los últimos 100 años que lo trataba desde la perspectiva de la propiedad y la gerencia".

Este nuevo estatus del Río Whanganui implica que si alguien abusa de éste, lo daña o lo contamina, entonces la ley no supone ninguna diferenciación entre afectar a la tribu y afectar al río, porque ambos representan exactamente lo mismo.

Para representar al Río Whanganui, con todos los derechos de una persona legal, se designaron dos abogados encargados de proteger sus derechos, uno representando a la tribu y el otro representando al gobierno neozelandés.

Nueva Zelanda ha sido un país pionero en cambios institucionales revolucionarios pero efectivos, alineados con la frontera del conocimiento académico, ajustados con base en la evidencia internacional, en estudios estadísticos y en el reconocimiento del rol de los incentivos económicos en la conducta humana. Por ello, cabe suponer que esta no es una decisión improvisada ni una morisqueta ideológica.

Así como hay terror y desprecio por el conocimiento experto, en medio de esta ola populista que estremece al planeta, también hay eventos interesantes que traen a nuestro escepticismo cierta luz amable y cordial. Como para animar una mañana de un viernes cualquiera.

37 EL LABERINTO DE LAS CONVENIENCIAS POLÍTICAS

Una mañana cualquiera de 1990, los miembros de una familia venezolana desayunaban cabizbajos. Aún faltaban siete días para la próxima fecha de pago de sus salarios y su disponibilidad de dinero no alcanzaba siquiera para cubrir los gastos de transporte hacia y desde sus sitios de trabajo. Y así les ocurría a muchos otros.

Una tarde cualquiera de 1992, demasiadas familias brasileñas observaban una dramática caída de su calidad de vida y las perspectivas eran lúgubres. El desempleo crecía y la prensa mostraba escandalosamente varios casos de corrupción en el alto gobierno y los grupos relacionados. En ambos casos, en la Venezuela y el Brasil de aquellos años, los gobiernos de turno experimentaron severas crisis de legitimidad y sus presidentes fueron destituidos anticipadamente.

Una noche cualquiera de 2016, millones de brasileños sufrían los efectos de la inflación, el desempleo y una carga tributaria relativamente alta, mientras veían deteriorarse los servicios que recibían del Estado y las noticias mostraban cómo los recursos públicos se desviaban turbiamente hacia los bolsillos de unos cuantos privilegiados de la política. Entonces parecía que ocurriría de nuevo.

La noche del domingo 17 de abril de 2016, el 71,5% de los diputados votaron a favor de iniciar un proceso de destitución (o *impeachment*) contra la presidenta Dilma Rousseff (la aprobación de este requería dos tercios de los votos para tener efecto). Como próximo paso, los senadores deben decidir si se confirma la decisión de los diputados, para lo cual bastaría con una mayoría simple, de 42 de los 81 senadores. Si esto ocurre, entonces el tercer paso implica que la presidenta Rousseff debe apartarse del cargo, que sería ocupado por el vicepresidente Michel Temer mientras el Senado decide sobre su suerte definitiva, la cual se sellaría con el voto favorable de sus dos terceras partes. Esta tercera etapa puede durar hasta 180 días, tras los cuales la presidenta retornaría, si no se alcanza la supermayoría requerida, o quedaría definitivamente despojada de sus atribuciones si se juntasen los votos necesarios para aprobar su salida.

Hay gobiernos que se convierten en una calamidad para muchos de los ciudadanos que habitan bajo su sombra. Hay hastíos prematuros y decepciones, hay profecías autocumplidas y pérdidas masivas de confianza, hay círculos viciosos y pantanos económicos, hay poderosos intereses circunstanciales y oportunismos políticos. Finalmente, hay convergencias y alineaciones que hacen posible la deposición de un gobierno.

Primera discusión: ¿Cuánto se cuida el formalismo constitucional y la justificación del *impeachment*?

Frente a la orquestación de un despido presidencial, el primer punto de observación es la constitucionalidad y la justificación de este. Allí radica, principalmente, la diferencia con un golpe de estado: en el uso de un mecanismo previsto en la constitución para un despido anticipado del presidente. La democracia es el reino de las formalidades y el cuidado riguroso de estas es clave en la estabilidad del sistema político. El mecanismo usado debe entonces estar previsto en la carta magna y deben cumplirse estrictamente los pasos y las formas especificados en este.

El segundo punto de observación es la manera como se justifica la activación del mecanismo de destitución presidencial. Me valdré de un ejemplo para ilustrar este punto. Supongamos que la constitución establece el procedimiento conocido como impeachment, cuyo primer paso consiste en que una comisión del Congreso evalúa la existencia de una falta del presidente. Luego, para que el presidente pueda ser apartado del cargo, la argumentación preparada por este comité sobre la presunta falta es discutida en la plenaria y votada en las cámaras correspondientes, donde la separación debe ser aprobada por una supermayoría (ejemplo, dos tercios de los diputados y senadores). Solo entonces ocurriría el juicio al presidente, el cual puede ser un juicio político, en cuyo caso el veredicto suele corresponderle al Senado (es el caso de Brasil) o una querella jurídica que debe ser atendida por la Corte Suprema de Justicia.

La discusión relevante alrededor de este punto se concentra entonces en la configuración misma del delito o falta que se adjudica al presidente. Debe identificarse, de manera convincente, la existencia de una violación específica de la normativa jurídica que restringe la labor presidencial, sus prerrogativas presupuestarias o los códigos de justicia generales. El poder de convencimiento de que existe un delito es crucial. En los tres casos referidos (Brasil, 1992; Venezuela, 1993 y Brasil, 2016) la facción aliada del presidente, o presidenta, ha argumentado que existe una duda razonable en la configuración de la falta sugerida, por lo cual se dice que la decisión sería política y correspondería entonces a "una suerte" de golpe de estado.

Segunda discusión: ¿Cómo el mecanismo de impeachment afecta la estabilidad política?

Un primer aspecto en esta discusión es de naturaleza procedimental. Suele pasar que el Congreso produce un veredicto político, que conlleva a la destitución presidencial antes de que los tribunales de justicia generen una sentencia firme. La presidenta podría ser exonerada por los tribunales de justicia pero en ese momento el desalojo ya habría ocurrido y este suele ser irreversible. Esto introduce dudas sobre el respeto de la presunción de inocencia. Acá se desnuda un dilema de la justicia y la justificación del mecanismo entonces descansaría en el alcance del mal menor. La presunción de inocencia, en el caso de una figura con el poder del presidente, implicaría un juicio en funciones. Y esto implicaría, a su vez, que el presidente podría usar su poder para inclinar la balanza judicial. Entonces la salida previa al juicio sería el mal menor.

Pero hay un segundo problema cuyas implicaciones políticas, de largo plazo, son aún más profundas. Se trata de cuál es el efecto de la destitución presidencial sobre la distribución del poder político y cuál es la legitimidad de origen de esta nueva distribución. Supongamos que en este punto hay dos alternativas: a) el presidente es sustituido por otro funcionario, que gobierna entonces durante un periodo significativamente largo (por ejemplo, hasta que culmine el período presidencial formal); o b) se convoca a elecciones inmediatas.

Como se observa hay una diferencia política e institucional sustantiva entre estas dos opciones. La primera implica que el poder es transferido de una manera que no deriva de la voluntad popular directa. Esto dispara tremendas dudas sobre la legitimidad de origen del gobierno interino, el cual no gobierna durante "el menor lapso posible", sino durante un periodo mayor al mínimo posible, y esto como consecuencia de una decisión no electoralmente directa. Esto sería algo así como una violación del contrato político que gobierna la asignación del poder.

Acá entonces, la convocatoria de elecciones inmediatas sería la alternativa de respuesta que mayor legitimidad democrática otorgaría a una potencial transición. Como ha sido ampliamente argumentado, esta es una de las virtudes más notorias de los regímenes parlamentarios frente a los presidencialistas.

El desafío más relevante desde el punto de vista institucional, sería entonces cómo dotar al sistema político de una válvula de escape que no incentive la inestabilidad de largo plazo del sistema mismo. Pareciera que la figura del impeachment, tal como existe en Brasil en el 2016, es una fuente de inestabilidad de largo plazo, en tanto crea un incentivo perverso en el futuro y siembra resentimientos políticos de largo efecto.

Dicho todo esto, es el momento de hablar de mis íntimas simpatías. Yo soy venezolano y la situación política de mi país me empujó a migrar hace ya varios años. Tanto el luto que implica la migración, como los padecimientos de los afectos dejados atrás, producen una mezcla de dolor y rabia frente a quienes han tenido el control político durante tanto tiempo. Para muchos de nosotros, Brasil ha jugado un rol funesto en el caso venezolano. Por una parte, un número de empresas (e.g. Odebrecht, entre muchas otras) se han beneficiado de contratos gubernamentales asignados directamente, según criterios poco transparentes, que han significado miles de millones de dólares. Por otra parte, y quizás en contrapartida a lo anterior, el gobierno brasileño ha apoyado explícitamente al gobierno venezolano en los foros internacionales, y ha guardado silencio frente a las violaciones de los derechos humanos en mi país. Por ello, pese a los efectos contraproducentes que pueda tener para Brasil el impeachment de la presidenta Rousseff, no puedo esconder que he sentido un íntimo, oscuro y desvergonzado placer por su posible defenestración.

CAPÍTULO II.CANTOS POLÍTICOS

38 TODOS SOMOS MEXICANOS

Cuando veo las agresiones de Donald Trump contra México, con ese tono abyecto de quien viste su ignorancia de fanfarronería, de quien usa el poder para humillar y la palabra para azuzar jaurías, siento que se agrede a mi historia, a mi familia y a toda una simbología que me es muy afín.

Mi relación con México, como quizá le ocurre a muchos latinoamericanos, parte de toda la influencia del cine y la música azteca que se derramaron sobre los países de habla hispana, durante varias décadas del siglo XX. Las canciones de José Alfredo Jiménez y el humor cinematográfico de Cantinflas, Resortes o Tin Tan fueron parte del paisaje insondable de mi niñez. Con toda la influencia cultural de la música y el cine mexicanos, drenaron vocablos, modismos y caídas idiomáticas hacia el habla de los demás países de la América hispana.

Luego, con la adolescencia, me llegó la literatura. En mi caso, mis grandes cariños literarios mexicanos han sido Juan José Arreola, Octavio Paz, Alfonso Reyes, José Emilio Pacheco, Gabriel Zaid, Paco Ignacio Taibo II, y más recientemente, Élmer Mendoza. He disfrutado algunas páginas de Jorge Volpi, y mantengo como deuda acercarme a Elena Poniatowska, a Juan Villoro y a Guadalupe Nettel.

Pero hay dos cosas que han sido clave para nutrirme de mexicanidad, para llegar a querer a ese país de cultura profunda y gentilicio orgulloso con algo más que mi propia conciencia: mis amigos y la comida. Mis amigos mexicanos son sólo tres, pero son mis grandes amigos. Compartimos las alegrías, las angustias y las travesuras propias de ser estudiantes en un país extraño para todos. Compartimos exquisitas y abundantes tertulias intelectuales, pero lo que encuentro más valioso, después de la propia amistad, es que me acercaron a su cocina.

Los mexicanos, estoy seguro, son de los terrícolas más fieles a su cocina tradicional. Yo vi como viajaban con maletas llenas de siete variedades de chiles, de harina de maíz precocida, de huitlacoche, achiote y mole poblano, sin importarles las penurias que en las aduanas podían invocar los funcionarios de inmigración europeos, esos que creen que todos los latinoamericanos llevamos cocaína en latas, en frascos de perfume o en mortales bolsitas en el estómago. Ni la más aterradora ferocidad aduanal hacía mella en su determinación de comer como si estuvieran en México.

Gracias a esa herencia, en mi casa se cena con influencia mexicana dos o tres noches por semana. Ellos me enseñaron a preparar los frijoles refritos, el guacamole y la salsa de tomate con chile jalapeño. Por ellos, me hice adicto a un ají picante llamado Chipotle y me encanta la salsa de tomate verde. Gracias a su influencia perniciosa, todas las semanas de mi vida sueño con conseguir harina de maíz mexicana o con volver a comer unos auténticos tacos al pastor. Gracias a la sazón que guardo celosamente en mi memoria, me he convertido en un experto en frustrarme con los restaurantes que, fuera de México, prometen irresponsablemente "comida mexicana", como si una tortilla mexicana pudiera prepararse con harina de maíz colombiana.

Hoy me ha dado por recordar todo esto, por reivindicar la amistad de mis cuates mexicanos, porque a la presidencia de los Estados Unidos ha llegado un tipo que se presenta como un bocón, como un fanfarrón que atropella y denigra, acostumbrado a humillar a los más débiles, personaje que ahora tiene el control del mayor arsenal de país alguno sobre la tierra, y quien ha cazado una pelea con México y con los mexicanos.

Si este personaje ha logrado que yo, que soy alérgico a los nacionalismos, que no profeso fe en héroes ni en símbolos patrios, que me siento ciudadano del mundo, quiera gritar frente a su arremetida que yo también soy mexicano, entonces creo que algo bueno saldrá de esta amarga e incierta coyuntura.

¡Viva México, Cabrones!

39 BREVE CARTA PARA UN REVOLUCIONARIO TRAIDOR

Un revolucionario es un individuo que cree que las sociedades pueden alcanzar una vida mejor por medio de cambios revolucionarios secuenciales. El problema es que esto encierra una imposibilidad. Tras un cambio revolucionario, tarde o temprano emerge la necesidad de un orden.

Acá es donde surge la distinción entre los tipos posibles de revolucionarios, que yo simplificaré en dos conjuntos:

1. Revolucionarios suicidas; y
2. Revolucionarios traidores.

Los primeros, los del tipo suicida, son lo que yo llamaré "auténticos revolucionarios". Estos son los que creen en una suerte de revolución permanente, donde los cambios radicales se suceden unos a otros, donde a cada nueva fuerza que tienda al orden se le contrapone una fuerza subversiva, cuya misión es desencadenar nuevos cambios.

No hay que pensar mucho para darnos cuenta de por qué esta variedad de revolucionarios son suicidas.

Cuando el nuevo orden se consolida como poder, no hay cabida para subversiones sucesivas. De allí que el revolucionario enfrenta un dilema existencial: o se pliega al orden, es decir se hace traidor, o es consecuente con su postura revolucionaria y se realiza como suicida.

Es suicida porque las fuerzas que promueven el orden suelen ser de tal magnitud, que enfrentarlas implica una forma de suicidio, sea real, cuando el individuo es asesinado, o sea cuando éste es expulsado, por ejemplo hacia fuera del país. León Trotsky, es quizá una forma icónica del revolucionario que fue expulsado de su país y luego asesinado en México por un enviado de Josef Stalin.

El segundo tipo, el más común, es el traidor. Es más común porque es el que usa la capacidad adaptativa y de supervivencia que está impresa en los genes y ha sido mejorada por la evolución de los humanos.

Podemos decir que es el más "humano" de los revolucionarios.

Pero ser más "humano" no lo hace respetado ni elegante. He allí su drama.

Yo he conocido a revolucionarios de ambos tipos. Por razones obvias, son más los traidores que los suicidas. Pero puedo decir con orgullo que conozco a varios del tipo suicida que han sobrevivido. Por supuesto bajo cierta forma de ostracismo, esto último como un tipo de exilio interior.

También debo decir que a estos es a los que respeto. Puedo no estar de acuerdo con ellos, pero su integridad y consecuencia merecen mi más alto respeto. Además son éticamente elegantes, lo cual es una forma de estética.

Pero esta nota está dirigida a los otros. A los revolucionarios Traidores. Así, con T mayúscula. Ustedes son una vergüenza.

Conocí a varios. Hoy día son ministros o alcaldes o simplemente burócratas. Unos combinan los resabios de un discurso liberador con los placeres del dinero mal habido. Con cuentas cifradas e hijos que viven como aristócratas.

Hay otros que son tristemente traidores.

Traidores porque no hay manera de permanecer en una burocracia de poderes instituidos, que edifica su estabilidad sobre una cadena de penas sociales, sin recordar la traición en cada amanecer.

Tristes, porque son segundones explotados, mandados, a veces gritados, insultados, ignorados, desacreditados. Pero ellos siguen allí. Cumpliendo la tarea. Sacando cuentas o creando discursos que ayuden a la supervivencia de los poderosos.

Es lastimoso que tengan que fabricarse cada mañana una imitación del orgullo para poder afeitarse o maquillarse frente al espejo.

Es triste que, con el cariño que tengo por algunos de ustedes, por su persona, por una historia de gestos compartidos, deba recomendarles que se suiciden políticamente, que arriesguen sus prebendas, que sean consistentes, si acaso les quedara algo de dignidad.

40 DE LA COBARDÍA DE UN OPOSITOR RADICAL VENEZOLANO

Tengo que confesarles que mi aproximación a la violencia política está muy marcada por algunas ideas fijas, que pueden ser vistas como prejuiciadas y, en alguna medida, hasta como dogmáticas. Por una parte, cuestiono de manera radical la utilidad de la violencia política para construir instituciones políticas sanas y estables en el largo plazo. Para derrocar militarmente a un gobierno que no nos gusta es preciso crear unas estructuras institucionales (ejércitos o grupos de acción paramilitar, cadenas de mando, mecanismos para hacer cumplir las órdenes y fortalecer la disciplina) que tienen, por definición, profundas raíces antidemocráticas y tienden a perpetuarse una vez cumplidos los objetivos político-militares. Por ello, las revoluciones suelen terminar en la instauración de un régimen dirigido por comandantes, coroneles, generales y así por una caterva de personas entrenadas para evitar el libre intercambio de ideas, el disenso, el cuestionamiento de las creencias de las mayorías transitorias, personas que en su fuero interno no admiten el libre albedrío y a veces ni siquiera la sanativa y rebelde utilidad de la risa.

Por otro lado, debido a mi propia historia, siento cierto respeto por las personas que se comprometen con luchas políticas violentas, poniendo su propia vida en las primeras trincheras del conflicto invocado. Por los que no siento el más mínimo respeto, mejor dicho, por los que siento un estomacal e irreflexivo desprecio es por aquellos que invocan la violencia política como algo ajeno a ellos mismos, desde la certeza de la distancia o la división entre trabajo manual y trabajo intelectual, y ellos, por supuesto, se arrogan el cultivo de las ideas que deberán ser ejecutadas por otros, por la carne de cañón.

En alguna parte he contado antes sobre un capítulo clave de la historia de mi familia. Hacia comienzos de la década de 1960, mi padre se convenció de que entre el capital y el trabajo había una pugna irresoluble, de que el capitalismo era una trampa creada para que un pequeño grupo, los capitalistas y sus secuaces, pudieran expropiar el valor producido por los trabajadores, en un contexto de reglas, derechos e instituciones que garantizaban que "el robo ocurriera en santa paz". La consecuencia más importante de esta idea era que, para restablecer la justicia y la voz de los más débiles, había que hacer la revolución en Venezuela (y en el mundo) e instaurar un nuevo orden más justo y feliz.

Más allá de la validez de los supuestos subyacentes a aquella idea, el hecho clave es que mi padre se la jugó por sus creencias, se planteó invocar y dirigir a otros pero poniendo su propio pellejo en la vanguardia. Hacia 1962 o 1963, ya se había acumulado evidencia de que la insurrección armada estaba derrotada en Venezuela, pero mi padre seguía creyendo que aquella era la vía. Así fue como en 1966, a pocos meses de haberse casado con mi madre y siendo yo ya un embrión bien formado, mi padre se internó en unas montañas a hacer la guerra, a organizar la insurrección popular y armada que convirtiera en realidad sus sueños de justicia y reivindicación de los excluidos. A mis dos años, mi madre me llevó a una de aquellas montañas para que él me conociera y a mis ocho años ambos decidieron que era el momento de vivir como una familia. No una familia normal (cada uno tenía un seudónimo y nadie debía saber quiénes realmente éramos), pero una familia que funcionó. En un entorno de grandes riesgos, mi padre supo blindarnos con una seguridad inaudita, con una feliz capacidad de mimetización y ocultamiento, en la que había armas pero no una cultura armamentista ni violenta en las circunstancias cotidianas.

Mi padre se pacificó en 1979 y pudimos también superar como familia la readaptación a la vida civil y abierta. En 1982, tras visitar Corea del Norte, mi padre comenzó a modificar sus creencias sin saltos ideológicos extremos. Aún conserva algunas de sus ideas matrices, que yo suelo cuestionarle con amoroso ahínco, pero siempre representará la consistencia y la responsabilidad de sí mismo con sus prédicas, la idea de poner su cuerpo, su seguridad y en algún sentido a su familia, en los primeros puestos de la travesía que él invocaba.

Esta es una de las influencias determinantes de mi sesgo, de mi poca capacidad para soportar a estos invocadores de la violencia de otros, a estos reclamadores de la inmolación ajena, a estos críticos de la aparente falta de valor y decisión de los otros, que no se atreven, no son capaces o les aterra convertirse en ejemplos singulares del sacrificio y la detonación.

Todos los días me repito que esto no es un asunto personal, que no mencionaré sus nombres, que no reclamaré con apellidos, que no exigiré ya más que enfrenten la cobardía que, para mí, los marca. Mejor hablar de paz y de entendimiento si no se es capaz de poner el cuerpo como rehén de las palabras.

No puedo evitar el desprecio por la cobardía de pedir la guerra de los otros, la violencia de alguien más, la inmolación del hijo del vecino como un costo que alguien debería pagar, pero no ellos.
¡Que la piedad de otros los asista!

41 LA HERIDA DE LA PALABRA PREJUICIADA

La palabra es música y significado. La palabra seduce y embriaga, invoca la divinidad y es puente desde la voluntad hacia el deseo, desde las ganas hasta la aceptación. La palabra es vehículo para sortear abismos. La poesía es su expresión más delicada, síntesis de todo su poder, su más pura y decantada y frugal expresión. Pero la palabra también es herida, es huella lacerante, es ácido sobre la carne viva, es cicatriz imborrable del dolor que permanece. Para bien y para mal, la palabra es el gesto que es flor y es daga y es martillo.

Hay ciertas palabras que son golpes en el vientre, que son zarpazos en la dignidad.

Piense en la palabra "bastardo", felizmente abolida por cierta madurez de la historia. Decir bastardo es vaciar todo el desprecio sobre el más inocente, sobre el que no eligió. Pero también es decir prejuicio, es establecer una diferencia innoble, que carece de todo honor humano, entre un hijo nacido de un contrato jurídico y un ser nacido del simple encantamiento humano, de la sagrada cópula que no requirió, para ser noble, de jueces ni curas ni testigos.

Usar la palabra como humillación, a partir de una aberración moral, debería ser inaceptable para uno mismo. No se trata de imposiciones, ni de prédicas fatuas. Es más bien la reflexión sobre lo que uno quiere comunicar, sobre darse cuenta del golpe y la herida, sobre la cobardía de escudarse en el significado compartido por un grupo que quiere establecer una diferencia insultando, marcando con desprecio una frontera entre una posición y otra, recordando con indignidad la supuesta bajeza de ciertas condiciones, de ciertos oficios, de ciertas posiciones en una pirámide social, que a veces es justicia del esfuerzo y otras muchas es olvido de robo y corrupción.

La siguiente historia ayuda a ilustrar el punto. En Venezuela, entre 1984 y 1989, fue presidente un señor llamado Jaime Lusinchi. El suyo fue un gobierno nefasto. Fue el símbolo de la decadencia económica de un país que había creído que era rico sin serlo, que había derrochado el premio de una lotería y se había desnudado en la profundización de la miseria y en la depauperación de la clase media.

Resulta que Lusinchi, estando casado, se había enamorado de una secretaria de su partido, Acción Democrática (AD), a quien luego designaría como secretaria privada de la Presidencia, desde el inicio de su gobierno. Los rumores de la época apuntaban a que el presidente Lusinchi se había separado de su esposa y había consolidado su relación con su secretaria privada, cuyo nombre era Blanca Ibáñez, quien tendría un creciente protagonismo en los asuntos del Estado y pronto se le acusaría de estar involucrada en tráfico de influencias y presuntos hechos de corrupción (ambos se casarían en 1991, dos años después del término de la presidencia de Lusinchi).

A raíz de aquel marcado protagonismo, la señora Ibáñez comenzó a ser llamada, en ciertos medios y corrillos de la sociedad caraqueña de la época, como "la barragana". Literalmente, barragana significa concubina, persona que convive con otro sin estar casados, pero este término era crecientemente usado como una forma despectiva de referirse a su condición de pareja no legalizada de un hombre casado. La expresión "barragana" se convertiría en una palabra denigrante de una condición elegida en la esfera de la intimidad de unas personas, con una connotación claramente misógina (nunca se ha hablado de barragano, en género masculino).

Cuando lo procedente era juzgar una conducta política (el uso abusivo del poder), lo cual es recriminable independientemente de las formas jurídicas y morales que reviste una relación íntima, el énfasis público era en la figura de la relación (el concubinato), como si esta figura fuera un agravante del probable delito. La palabra "barragana" sería entonces, en los términos aquí planteados, una palabra denigrante y sexista, cuyo énfasis habla más de un prejuicio moral que de un problema sobre el ideal de honestidad en la gestión pública.

El uso o abuso del poder con fines privados, el usufructo de los recursos públicos o la escasa transparencia en la asignación de recursos, donde los hubiera, son conductas condenables que nada tienen que ver con las figuras de la relación íntima entre dos personas. Lo que también resulta una conducta condenable es el uso remarcado y petulante de una palabra que encierra una consideración despectiva particular hacia la mujer, cuando se cuestiona una relación de la que el hombre es tanto o más responsable.

Otra de estas palabras denigrantes y con una alta carga misógina es el término "cachifa", usado coloquialmente en Venezuela para referirse de manera despectiva a las mujeres que trabajan en los servicios domésticos de limpieza, cocina y cuidado del hogar. En ciertos ámbitos de la sociedad caraqueña de los años ochenta, se instaló el uso de esta expresión, la cual tenía (o tiene) una alta carga despectiva y humillante. La frase "parecer una cachifa" era (y es) usada por ciertos venezolanos para referirse a una persona desarreglada, con poco cuidado de su figura o con poco gusto para la vestimenta. Como si la dedicación de alguien al oficio de los servicios del hogar dijese algo sobre la dignidad de las personas, que permitiera establecer una diferencia sustantiva en las valoraciones de la condición humana.

Conclusiones

Obviamente, cada quien es libre de usar el lenguaje como quiera, o como pueda. Pero cuando hurgamos en las connotaciones de ciertas palabras, en el uso de términos que denigran de ciertas características de las personas, algunos podemos elegir ser cuidadosos, evitar ciertas voces, estar atentos a lo que el uso hiriente de la palabra dice sobre nosotros mismos, sobre nuestros valores, sobre lo que implica la persecución de distinciones de estatus, o condición social, entre nosotros y las demás personas.

Yo he elegido evitar el uso de palabras como "bastardo" o "cachifa" o "barragana" en mi lenguaje cotidiano, porque éticamente me desagradan sus implicaciones de estatus moral, su mensaje de complejo proyectado y las distancias que levantan entre uno mismo y aquellos a quienes pretendemos excluir de la supuesta identidad compartida por unos pocos. Pero lo que me resulta más importante es caer en cuenta que lo que hoy se llama "el bullying basado en prejuicios" es algo que hace a sus víctimas sentirse sin poder, pobres, excluidos o marginalizados.

Desde el punto de vista político, sostengo la hipótesis de que el uso denigrante de ciertas palabras, ese uso que cuando se hace social, o compartido por un grupo, crea un abismo con quienes se sienten excluidos, ese uso es una fuente de resentimientos sociales, y los resentimientos sociales son, a su vez, una fuente de peligrosas elecciones políticas que son pasto de liderazgos populistas, destructores de la convivencia y generadores de miserias económicas y culturales.

42 LA POESÍA PREDIJO LOS AGUJEROS NEGROS

El día había despertado como teñido de gris. Una bruma impedía apreciar el verde del cerro San Cristóbal. Exactamente a la una y trece minutos de la tarde, Anastasia cruzó el umbral de la vieja casona en Pedro de Valdivia norte. Abrió la segunda puerta y pudo ver que aquel día la recepcionista no era Laura. Un rostro desconocido para ella se ubicaba detrás del viejo escritorio de caoba que oficializaba la entrada.

-Buenas tardes...

-Hola. Mi nombre es Anastasia Belollio y vengo a visitar a mi tía-abuela Udilia Larraín Silva Kast.

-Sí señorita, ya le aviso a la enfermera -dijo la recepcionista, confirmando su prejuicio de que las frases "buenos días" o "buenas tardes" no formaban parte del vocabulario de la gente del barrio alto.

Como si un tenue gesto le hubiese comunicado el pensamiento de la muchacha, Anastasia comprendió que, con apenas dos semanas en el país, ya había relegado los códigos universales de amabilidad que había adquirido en sus trece años en los Estados Unidos. ¡Cómo pesa la cultura!, se dijo a sí misma, mientras se cambiaba de dedo el anillo para no olvidar la cortesía en la despedida.

-Puede pasar, señorita, doña Udi la espera en el comedor del tercer piso.[88]

-Gracias -respondió Anastasia y exageró una sonrisa a manera de disculpa.

Cuando transitaba la desembocadura de la escalera en el comedor, Anastasia divisó a la tía Udi sentada en el extremo derecho del salón. La expresión facial de la tía denotaba una mezcla de rabia y dolor. Anastasia sentía que la humanidad de su tía había sido arrinconada por la fe ciega en su concepción de la vida, que sus razones y virtudes habían sido opacadas por el impulso de defender, con cierta violencia, el dogma y la necesidad de imponer sus prejuicios a un mundo que se desvanecía. "Las razones de mi tía naufragan en su dogmatismo; ¡cuán parecida es la manera de juzgar de mi tía a la de los dogmáticos comunistas que detestaba desde su juventud!", pensaba Anastasia mientras anteponía el cariño por la persona al desagrado por el rictus rabioso.

-Hola tía Udi –dijo mientras se acercaba a besarla y acariciarle la cabeza- ¿Cómo has estado? ¡Mira!, te traje la milhojas de lúcuma que tanto te gusta - y se sentó a su lado.

-Anastasia, ¡qué guapa!, te han sentado bien las primeras brisas del otoño –respondió doña Udi, cerrando el iPad en el que día a día leía El Mercurio, el Wall Street Journal, algunos libros y los comentarios en twitter de su círculo de amistades.

-Gracias tía. Quería verte una vez más, antes de mi regreso. ¡Es increíble cómo pasa el tiempo cuando estamos de vacaciones! Además, quedé pendiente de continuar aquella conversación que dejamos inconclusa.

-Ay sí, hija. Tú sabes que me gusta el intercambio de ideas para mantenerme atenta de nuestra batalla moral, sobretodo en estos tiempos de decadencia y populismo. Somos atacados por todos lados, pero la fortaleza de nuestras verdades es inquebrantable. Mira los ataques infundados contra Jovino y Pablo. ¿Es que acaso no se puede recibir financiamiento y tener aliados económicos en un proyecto tan noble como este? También es una batalla valórica. Imagínate que quieren que los homosexuales se casen y que las mujeres aborten. ¡Están en riesgo el partido, la familia y nuestros principios!

-A ver, tía, hoy quiero hablarte con transparencia. Mañana me voy, así que quiero que me abras un espacio para contarte de mi perspectiva de la vida y espero que me escuches y me entiendas, aunque no compartas mis puntos de vista. Sé que una parte de ti está abierta a escuchar ideas distintas. Tú conoces cuánto me he dedicado a estudiar y bastante te he contado sobre cómo han evolucionado mis intereses. ¿Recuerdas que mi primera salida de estudios fue a Chicago, cuando mi sueño era estudiar economía con Milton Friedman y Gary Becker? Después me tropecé con un profesor llamado Richard Posner y comencé a mezclar economía y derecho.

-Sí, –la interrumpió la tía Udi- recuerdo que en ese tiempo te recomendé que siguieras a ese portento defensor de nuestros valores que era el juez Antonin Scalia; quien por cierto se nos fue hace unos días.

-Sí, tía, eso fue justo en la época en que me preparaba para irme a Harvard. ¡Quién iba a decir, en aquel entonces, que mi formación daría semejante salto! En Boston comencé a acercarme a las humanidades y mi visión liberal fue cambiando. Justo después de aquella conversación contigo, comencé a indagar más sobre Scalia, y me enteré de su estrecha amistad con otra juez de la Corte Suprema, llamada Ruth Bader Ginsburg. ¿Sabías que las familias de Scalia y Bader eran tan cercanas, que compartieron todas las cenas de año nuevo durante los últimos años? Y lo más interesante es que mientras Scalia era un campeón del conservadurismo más extremo, Bader es una acérrima liberal, que ha liderado los argumentos a favor del derecho de las mujeres a decidir sobre el aborto y del matrimonio entre parejas del mismo sexo. Aquella fraternidad entre personas con ideas contrapuestas, que empecé a observar a menudo, contribuyó también a cambiar mi perspectiva cuando llegué a Boston.

Durante un breve lapso, Anastasia y la tía Udi interrumpieron la conversación para ordenar dos cafés, tras lo cual Anastasia pidió a la tía que estirara su paciencia para escucharla, y permitirle desahogarse y expresarle aquello que ya sentía impostergable.

-Como te venía diciendo, tía querida, en aquella época se juntaron varios factores que propiciaron un cambio, o más bien una evolución, en mis convicciones. Un primer detonante fue que me hice muy amiga de Emma, una profesora del departamento de literatura inglesa de Harvard, que está casada con Olivia, y la ley les permitió adoptar a un chico maravilloso llamado Rob. Conocer de cerca a esa familia me hizo cambiar los juicios que había llevado conmigo desde Chile. Hoy me digo a mí misma que sin la posibilidad de casarse y adoptar, quizá Emma, Olivia y Rob no tendrían toda la felicidad que he conocido. Más o menos en aquella época, un profesor de literatura universal me preguntó en una clase sobre Pedro Lemebel, por quien se había interesado a partir de la visita del chileno a Harvard, en el año 2004. En aquella oportunidad, Lemebel hizo una presentación sobre crónica urbana, en la escuela de literatura de Harvard, mientras bebía whisky de una petaca y hablaba sobre la difícil vida de un homosexual pobre en Chile; la cual había impactado favorablemente al profesor. A mí me dio tanta vergüenza conocer tan poco a Lemebel… que decidí dedicar muchas horas a estudiar su obra y su vida. Aquel estudio fue otro elemento que impulsó mi evolución hacia un liberalismo más abierto.

"No soy un marica disfrazado de poeta / No necesito disfraz / Aquí está mi cara / Hablo por mi diferencia / Defiendo lo que soy / Y no soy tan raro / Me apesta la injusticia / (…) Usted no sabe / Qué es cargar con esta lepra / La gente guarda las distancias / La gente comprende y dice: / Es marica pero escribe bien / Es marica pero es buen amigo / Súper-buena-onda / Yo no soy buena onda / Yo acepto al mundo / Sin pedirle esa buena onda / Pero igual se ríen / Tengo cicatrices de risas en la espalda…"

Esto es sólo una parte del maravilloso y terrible manifiesto de Lemebel, denominado "Hablo por mi diferencia".[89] Tía, con todo el respeto, pero hoy día vibro más con Lemebel que con el pobre Jaime Guzmán.[90]

Anastasia hizo una pausa y notó el gesto de la tía Udi, quien se disponía a recriminar la falta de lugar de lo que observaba como una comparación inaceptable, como una ofensa a la imagen incólume de la virtud cegada. Pero el gesto afable de Anastasia la frenó. Y comprendió que la chica se había desnudado, que no había intención ofensiva, que la sobrina estaba hablando de sus propias complicaciones existenciales.

-Porque, sabes qué, tía, -continuó diciendo Anastasia- estas son las cosas que tú y la gente que piensa como tú debe comenzar a ver. Y te lo digo, no como una pretensión ingenua de actitud tolerante, sino como mi deseo de la propia supervivencia política de tus ideas. Porque creo que muchas de tus ideas tienen un rol deseable como opinión política, como llamada de atención, aunque hoy día me aterrorice que se impongan desde el gobierno (lo mismo que por cierto me ocurre con las ideas de los comunistas y los apóstoles del antimercado). Porque, tía, para mantener cierta presencia política ustedes deben abrirse. ¿Tú sabes lo que indican las encuestas recientes sobre estos temas valóricos? En los Estados Unidos las tendencias de la opinión pública son elocuentes (y en Chile, según Cadem, siguen un patrón similar). Según los resultados del Pew Research Center, de mediados del 2015, 55% de los estadounidenses estaban a favor del matrimonio entre personas del mismo sexo, frente a 39% en contra. Y esta cifra subía a 70% entre los jóvenes llamados Milennials. Algo similar ocurría con el aborto: la aceptación aumentaba en los más jóvenes, pero también entre los más educados. Entre quienes tenían solo educación media, o menos, la aceptación del aborto alcanzaba sólo un 46%, versus 47% de rechazo. Pero entre las personas con formación igual o superior al bachillerato, la aceptación del aborto alcanzaba un 64%, versus un 30% de rechazo. Y esta aceptación ha aumentado sistemáticamente en los últimos quince años. Y lo que me aterra, tía Udi, es que los insultos morales de quienes piensan como tú, pueden anclarlos en una sordera que cercenará su presencia política, y quizá le confirme a muchos que ustedes son tan dañinos como los dogmáticos comunistas… pero en fin, tía Udi, esto quizá es solo una reflexión mía, un monólogo, un gesto de honestidad con la superación de mi propia historia.

Cuando Anastasia bajaba las escaleras, la imagen que se llevaba era la de los insultos de la tía Udi contra todos a su alrededor. Ella sabía que aquello no era algo personal, sino más bien el sufrimiento de quienes se hunden en las arenas movedizas del dogma y las puertas cerradas. La tía estaba tan arraigada en sus creencias, en sus referencias morales y en sus fantasmas, que solo veía agresiones mientras agredía.

Tres cosas salvaron la tarde de Anastasia: que le deseó unas creíbles "buenas tardes" a la recepcionista, al despedirse; que se dijo a sí misma, sin prurito, lo que se debía desde hacía mucho tiempo; y que al final la tía Udi pudo sonreír mientras se enjugaba las lágrimas y agitaba la mano desde la alta ventana del asilo.

El día había aclarado un poco y el verdor del San Cristóbal ahora se regalaba más nítido.

43 TODO EL MIEDO QUE PUEDE SUPERAR UN INMIGRANTE

Cuando navegaba por la vida de sus veinte años, Sara Estero no sospechaba que mucho tiempo después descubriría que el miedo también podía ser cicatrizante. Sara nació en un país que por mucho tiempo fue principalmente un destino de migrantes. Algunos habían llegado motivados por unos primos pioneros, otros habían arribado a aquel país siguiendo las noticias que prometían oportunidades doradas, otros, como los padres de Sara, habían llegado por accidente o quizá, mejor dicho, por un descubrimiento sorpresivo en pleno viaje. El barco de sus padres se dirigía desde España hacia Argentina, país al que habían planeado dirigirse, pero una escala en el Caribe les reveló una luz tan vital, una gente simpática, un clima bendecido que contaban que siempre era más o menos así, como lo estaban viendo, como les acariciaba después de semanas de viento oceánico y sueños primitivos, que entonces comprendieron que sin previo aviso, semanas antes de la fecha esperada, habían llegado a un destino que se les revelaba anticipadamente, cuya certeza sobrevenía de la mano de una hospitalidad familiar y bondadosa. Apenas escucharon un acento familiar y conversaron con paisanos. Entonces la intuición se confirmó en la experiencia, en recurrentes invitaciones a levantar su familia en aquella tierra de gracia.

Sara Estero, la tercera hija de aquellos inmigrantes, y sus hermanos, se adaptaron fluidamente a la cultura del país anfitrión. La escuela y los amigos fueron vehículos de un lubricado mecanismo de construcción de una identidad compartida con sus vecinos. Así comenzó a sentir los ritmos musicales que resonaban en la cadera, aprendió la familiaridad de los sabores del trópico caribeño, jugó con sus amigos bajo la infantil común cadencia del lenguaje y con todo esto terminó fundiendo, como en una suerte de amalgama cultural, el legado de las raíces de sus padres con la idiosincrasia del Caribe en que se crió.

Unos años más tarde, de una manera que nunca había imaginado, el espacio, el ambiente que le había dado cuerpo o continente al gentilicio con el cual se identificaba, toda esta base idiosincrática había comenzado a derrumbarse. Era como si el ámbito de todo el arraigo con el que había resarcido las lagunas culturales de sus padres, mucho de aquello que le daba un sentido de pertenencia, toda esa base estuviera siendo golpeada por los espasmos de un sismo político, económico y social.

Como consecuencia de aquel terremoto político que devastó buena parte de su país, Sara se vio forzada a emigrar. Le correspondió un nuevo tránsito, un doloroso desprendimiento y una nueva adaptación, ahora ella misma como inmigrante, buscando en las fortalezas de su aprendizaje de adaptación y supervivencia, de su capacidad de síntesis y absorción cultural. Sara Estero había descubierto la palabra "resiliencia", la metáfora humana de aquello que le ocurre a una pelota de goma, que tras ser aplastada por una fuerza relevante, era capaz de recuperar su forma original cuando la fuerza aplastante había desaparecido. Sara Estero se había descubierto a sí misma como una viva representación de la resiliencia.

Pero el miedo no se había extinguido del todo. Sara era ahora una inmigrante que sabía mimetizarse sin renunciar a su memoria, que reconocía las posibilidades y promesas de un país nuevo, que se sabía entrenada para ser parte de un nuevo espacio geográfico y cultural. Pero a veces el miedo despertaba, como ocurrió un día de marzo del año 2017, las noticias despertaron sus temores dormidos.

Lo primero que sacudió a Sara aquel día fue una fotografía que se repetía en los periódicos y en las redes sociales. Era la imagen, o quizá es mejor decir "el golpe", de un anciano sentado en la cama de una habitación bombardeada, adornada de escombros recientes mientras se alejaba de lujos pasados, un anciano de barba blanca y dignidad de acero, con una pipa en la mano derecha, con las piernas cruzadas, observando un disco de acetato que gira sobre un tocadiscos de maleta de cuero y manivela para cuerda.

Esta fotografía había sido tomada por Joseph Eid, fotógrafo de la agencia de noticias AFP, y mostraba de manera reveladora la devastación de la ciudad siria de Alepo, en medio de la guerra contra el autodenominado Estado Islámico. Pero para Sara, esta imagen era la metáfora de su propia desgracia, de la ruina de su país, de la dignidad de algunos sobrevivientes, que como ella resaltaban la música infinita sobre la contundencia de los escombros.

La segunda noticia que golpeó a Sara, aquella mañana de marzo de 2017, fueron las declaraciones de un parlamentario estadounidense que visitaba Holanda, en los días previos a las elecciones del 15 de marzo de 2017. Su nombre es Steve King, representa en el Congreso de los EEUU al 4to distrito del Estado de Iowa, y a tres días de las elecciones holandesas declaró, en apoyo al candidato ultraderechista holandés Geert Wilders, lo siguiente: "Wilders entiende que la cultura y la demografía son nuestro destino. No podemos recuperar nuestra civilización con los bebés de otros".[91] Esto último, en clara alusión a los hijos de los inmigrantes.

Estas dos noticias, el recuerdo de su casa devastada y la creciente presencia de la furia contra los inmigrantes, esta mezcla fortuita y en cierto modo perversa, esta presencia avasalladora de la expulsión de la patria por aniquilación y los oscuros sentimientos contra la inmigración que hoy se predican a voz en cuello, sin eufemismos de corrección política, todo esto trajo a Sara de vuelta al miedo.

Cuando, unas horas después, le pregunté por teléfono que cómo se sentía, Sara me respondió imperturbable:

"Tranquilo, que siempre hay sobresaltos por una impertinencia aquí y otra más allá, lo cual por cierto ocurre en todas partes, pero me salva quitarles el énfasis, enfocar en los gestos amables que suelen estar por allí gratuitamente, dirigir la mirada hacia las posibilidades del camino…"

Seríamos mejores, el planeta sería sin duda un mejor lugar, si muchos otros pudiéramos tener la convicción de Sara Estero.

CAPÍTULO III.   SUEÑOS

44 AL FIN UNA BUENA NOTICIA

Anoche, antes de acostarme, por supuesto que ya sabía lo que era morir. Desde siempre he sabido lo que es la muerte, como quizá le ocurre a muchos de ustedes. La muerte es esa ceguera que se ignora a sí misma, que no trata de ver ni de tantear, ni de oler ni de escuchar, ni de sentir, ni de preguntarse si la oscuridad es externa o interior. Siempre he vivido con la muerte al lado, muy cerca, pero esto no me atormenta porque la ignoro: le temo de cerca pero la siento lejos. Más bien es la vida, lo que se mueve, respira, ríe, llora, grita, disimula, se escapa, lo que se queda, lo que intenta hacerse notar o se esmera en pasar desapercibido, todo eso junto es lo que me distrae de la presencia sempiterna de la muerte. Pero lo de anoche, como verán, fue otra cosa.

Sé que morí, pero esto es lo de menos. Si mi estado hubiese perdurado entonces no lo sabría. Total, uno es quien menos sufre cuando muere. Sí, sufren los otros, los que nos quieren, los que nos necesitan, los que creían que no nos necesitaban, los que sabían que les molestábamos o estorbábamos, pero que luego de nuestra desaparición sienten que algo les falta, que añoran una molestia, algo que definitivamente jamás hubieran pensado que sería así. Pero nada de esto lo sabremos. Es mentira que después de muertos podemos observar la vida que continúa como desde un elevado rincón, o una mirilla de puerta eterna o una película que transcurre a destiempo. Ya sabemos que todo esto es una mentira, un consuelo, o acaso una esperanza pesimista disfrazada de impúdica curiosidad. Pero lo de anoche fue otra cosa.

Haber muerto es lo de menos, lo menos interesante, el lugar común más común de todos los lugares. La muerte siempre ha sido la muerte. La hemos tentado, la hemos traicionado, le hemos quedado mal, la hemos evadido o le hemos cerrado la puerta en las narices, como la vez que casi me ahogo bajo una cascada que de pronto me atrapó, entre las rocas del río más familiar que he tenido. Allí la sentí cerca, durante unos segundos dudé que regresara. Pero aun así, con todo y lo pavorosa que resulta, y lo recurrente y espeluznante y atractiva para algunos que la invocan y quizá se arrepienten cuando no hay vuelta atrás, con todo y lo martirizante que puede ser vivir todos los días amenazado por el tic tac de la muerte, tanto así que no puedas disfrutar ni entristecerte sin pensarla, aun así la muerte es lo de menos, aunque esto último suene falso o hipócrita hasta más no poder. Hoy, de manera definitiva, de manera categórica, con todos los pelos en la mano puedo decir que el burro es burro y que la muerte es lo menos interesante de esta historia. Porque lo de anoche fue otra cosa.

Anoche morí. Y como es de esperarse no puedo contarles nada de esas horas o minutos o segundos durante los cuales me ausenté. Es mentira que hay un túnel y una luz al final, tan falso como que uno se eleva y observa al cuerpo postrado, inerte, y uno se hace traslúcido o efímero, o que oye a los cercanos llorar o gritar o maldecir o quizá también reír a otros. Nada de eso es cierto. Lo puedo atestiguar. La muerte es un abismo de nada, que no percibimos, que no saboreamos, que no olemos, que no pensamos, que no sentimos. Por ello, decir abismo de nada es una inmensa tontería. Qué abismo ni qué nada si es la muerte. Pero lo de anoche fue otra cosa.

Anoche resucité. Esto sí que es una noticia, algo interesante de qué hablarles, algo inédito, tan fuera de lo común que no es común, ni raro, ni escaso, ni singular. Por ello, precisamente por ello es que resulta interesante. Anoche resucité. Supe lo que es el regreso de ninguna parte. Supe lo que es nacer, venir al mundo, soñar de nuevo, sentir que me pica la espalda mientras duermo y duermen todos los que me la pudieran rascar; supe lo que es oler el mundo, sentir alegría con los ronquidos de otro, dar media vuelta en la cama y disfrutar el olor de la almohada, y saber que ese es mi olor, y saber que supe que ese es mi olor porque morí y lo olvidé, porque ustedes saben que cuando no es así, no podemos sentir muchos olores porque nuestro olfato se acostumbra y los desaparece. Si no, imagínense cómo podríamos vivir con tantos malos olores, o con tantos buenos olores. Seríamos obesos o enfermos sexuales o perseguidores de panes recién horneados. Anoche regresé y estoy feliz, tan feliz como primera vez en mucho tiempo; feliz de mis dolores de espalda, feliz de esta gripe que no se me quita, feliz del desayuno de siempre que me espera con yogur y duraznos y granola, y el jugo de naranjas recién cortadas y las obligaciones y las necesidades y las elecciones y lo que me gusta y lo que no me gusta, y saber la diferencia, y estar feliz con ello.
Esto sí que es una noticia: anoche resucité.

45 UN SUEÑO SIMULADO

Yo de lejos parezco tranquilo, pero soy rumbero. Es mi realidad, la manera de ser que he construido durante años de trabajos forzados. Esos trabajos que nos hacemos a nosotros mismos y con los cuales forjamos nuestra propia personalidad. Esto es algo que en su momento me llamó la atención y entonces decidí hurgar en las fuentes mismas de esta condición. Así fue como me acerqué a Marcia, la siquiatra que visito dos veces por semana y que me ha ayudado a comprender y aceptar mi manera de ser.

Marcia habla de dos influencias determinantes: el piano y Amelia. El piano porque de chico este instrumento era el centro de las fiestas familiares. En la familia materna era el piano de Franz Liszt. En la familia paterna era el piano de Eddie Palmieri. Marcia dice que allí hay un "gatillador". Yo al principio no le creía, pero he tenido epifanías reveladoras que me han hecho creerle. La segunda influencia en la personalidad que me he construido, dice Marcia, fue Amelia.

Esta última fue la chica de mis sueños a mis quince años: culta, divertida, segura de sí misma, atlética y con una conciencia política impresionante para su edad. Era mi novia perfecta. Pero nunca aceptó mis propuestas ni se dejó impresionar por mis poemas. La última vez que hablamos, Amelia me dijo, como explicando el porqué de su desazón para conmigo: "El problema es que tú de lejos pareces rumbero, pero eres tranquilo". Marcia dice que esto me mató. Bueno, que mató las primeras inclinaciones de mi personalidad y me hizo perseguir el antónimo de aquello, es decir, lo que soy ahora.

Pero yo no quería hablarles de Amelia ni de Marcia y mucho menos de Franz Liszt. Lo que quiero contarles es que anoche, de nuevo, me escapé. Resulta que más o menos los miércoles comienza a despertarse el rumbero que se esconde tras mi apariencia de tranquilo, y llegado el viernes la pulsión es irrefrenable. Esto lo saben en mi casa y por eso instalaron la puerta de seguridad cuya llave solo controlan mis hijos y mi esposa. Nada de llaves en las adyacencias de la puerta ni en la pequeña y alta mesa de la entrada. Los jueves, sistemáticamente, la llave es secuestrada y debo pedirla si quiero salir. Pero anoche esta indisposición no logró frenarme.

A las diez y media ya mi esposa dormía, así que preparé la celada y activé el protocolo de escape que había diseñado desde el lunes. Pasé por el *living*, donde mis hijos disputaban la enésima batalla de sus juegos de video, y me mostré en pijamas y con el vaso de agua de mis noches en la mano. (Ellos saben que cuando llevo el vaso de agua en la mano me dirijo a la cama). Pero anoche no fue así. Tras cerrar la puerta del *living*, fui a la cocina y saqué la ropa que había dejado estratégicamente debajo del fregadero. Me vestí, salí a la terraza y silbé tres veces como habíamos convenido. Al minuto, Freddy, el conserje, instalaba la escalera portátil y yo descendía glorioso y motivado.

Diecisiete minutos después ya estaba en el Bar de Lucho. Allí bailé, me bajé tres cervezas, tomé mucha agua, volví a bailar, conversé en varias mesas con los asiduos y a las tres de la mañana estaba parado en una mesa y, con el brazo extendido arriba, giraba la camisa emulando a un ventilador de techo al revés. A las cuatro, todavía frenético, decidí recogerme como todo el buen padre y marido que soy. Tomé un taxi y regresé a mi hogar con la sonrisa estampada en la cara y pequeños ríos de sudor bajando por mi frente.

En la mañana, me desperté contento, servicial y cariñoso. Desayuno a la cama de mi esposa e hincha responsable en el juego de fútbol de mi hijo más chico. Hace un rato me reía solo, con tanta fruición, que todos en mi casa se preguntaban qué me pasaba. "Nada", respondí después de secarme las lágrimas, "es solo un sueño del cual me acabo de acordar".

46 MI PRIMER REPORTE

Este es mi primer reporte formal. Mi intención es preparar a las generaciones venideras contra las principales amenazas de nuestro tiempo. El riesgo no es menor. Ustedes, allá afuera, saben de las inclemencias que sufren las nuevas generaciones. Pero yo necesito contar mi versión. Si no lo hago, la angustia terminará por derrotarme aun antes de la salida de esta bóveda. Por eso me he propuesto contar mi pequeña historia, el canto mínimo de mis días, el reporte de las primitivas emociones que he aprendido a reconocer en la convivencia con el otro.

Desde mi encierro puedo oír conversaciones alteradas, bocinas histéricas, gritos y reprimendas. También escucho el zumbido de algo que llaman "la tele". Allí se habla constantemente de los problemas que más me aquejan: la falta de espacio, el no poder ver todo lo que oigo, la disputa por los pocos alimentos, el sometimiento del más débil por parte del más fuerte, los codazos y las patadas... pero también de la calidad del poco oxígeno que me llega, de ese halo ácido que de pronto me asfixia, de esa extraña sensación de las mañanas en que quiero toser y no puedo.

Gracias a lo que he escuchado en la tele, desde mis primeros días en este encierro, he podido traducir mis problemas en un discurso estructurado. He aprendido los términos que describen el sufrimiento, he descubierto las palabras que le ponen nombre al dolor, he codificado los signos y el alfabeto para pasar del quejido al lenguaje, pero sobre todo, para poder alertar a los que vienen. Aunque ahora no puedo hablar ni escribir, me he propuesto utilizar el tiempo que me queda de encierro para organizar estas ideas en mi cabeza, darle cuerpo a una narrativa y alcanzar una primera clasificación. Pienso que entre todas las cosas que se juntan en este mundo, al que siento que vengo llegando, entre todos los riesgos, hay que separar lo más apremiante de lo accesorio.

Por ello, en un principio, quiero referirme a las angustias de mi vida.

Para mí estas toman dos formas: el *bullying* y la polución. Ustedes pensarán que estos dos términos son muy rebuscados para alguien de mi edad, pero los he aprehendido de la tele. Al primero le dedicaron casi toda una mañana. Hablaron expertos y víctimas. Desde entonces me sentí identificado con este vocablo. Como víctima, por supuesto. Del segundo término he aprendido que identifica a los gases que, cada cierto tiempo, me producen mucha incomodidad.

Yo comparto este vientre con un tipo que parece un caballo. Salta y da patadas todo el día. Mi madre se refiere a él como mi hermano, pero yo lo siento como el tipo que me roba el oxígeno, que se apropia de la mayoría de los nutrientes, que me tiene arrinconado en el último resquicio de esta bolsa que los médicos llaman placenta. Así he conocido el *bullying* desde antes de salir a la luz. Si allá afuera están tratando de controlarlo, en todos esos colegios y parques infantiles a los que se refiere el tipo de la tele, más les vale a los padres que hagan algo con los hermanos gemelos. Acá no hay moderadores ni reglas contra el sometimiento. Acá, simplemente, el más fuerte crece a expensas tuyas.

Por otro lado, siento que cada día me contamino más. El oxígeno que me llega contiene trazas de metales y sustancias que no son precisamente saludables. También los alimentos. Aunque mi casera los filtra, siento algo en la sangre que arde, que es corrosivo. Y además, están esos que, en la televisión que escucha mi casera, llaman microbios. Pero hay algo que es un poco complicado sobre esto último: según decía alguien allá afuera, lo contaminado es más fuerte que lo puro; lo que es un poco sucio es más fuerte que lo que es demasiado limpio. Esto de verdad que me resulta complicado.

Si sigo pensando en estas cosas, aun antes de salir de esta cápsula, creo que voy a ser un poco loco. Pero de eso también se trata. Ser un poco loco es mejor que ser absolutamente cuerdo.

Una vez que he llegado a esta conclusión me he tranquilizado. Resulta que la lucha con el otro, con el que comparto esta cápsula me hará más fuerte. Desde antes de salir he tenido que disputarle los nutrientes, el espacio, el oxígeno. Y todo eso me ha preparado para el mundo que me espera al salir. Por otro lado, la contaminación, la suciedad, las bacterias, me harán más fuerte, más resistente; mejorarán eso que alguien allá afuera llamó "el sistema inmunológico". Y, finalmente, pensar en todo esto, el sufrimiento, la angustia y el terror, las complicaciones de la mente, también me harán más fuerte. Como les dije antes, estar un poco loco me hará mejor que ser demasiado cuerdo.

Ahora dejaré de hablarles acerca de todo esto durante un buen rato, porque ya es hora de calmar la ansiedad, chuparme el dedo pulgar, dormirme y disfrutar la compañía de mi vecino porque hoy hace demasiado frío. Hasta luego.

47 BORROSA MADRUGADA

Cuando me levanté, pensé que todavía era de noche. Desgajé un pantalón de lo alto del clóset y cerré una camisa sobre el pecho, tratando de alisarla al tomarla desde el borde inferior, estirándola con una mano y pasando la otra como una plancha imaginaria que generase un fortuito calor con la fricción. Siempre he sabido que esto es inútil, pero en aquel momento creí que funcionó. Salí al pasillo y vi un sol diminuto que me encandilaba desde un techo arenoso que se perdía en el horizonte indescifrable. Abrí otra puerta, transité los peldaños, conté uno, dos, tres y desapareció la escalera. Al voltear vi la calle solitaria que respiraba una efímera bruma en su contorno. Recuerdo haber saludado a Benjamín, cuya cara me pareció lavada, como una pantalla limpia y homogénea, solo delineada por el cepillo gris de su cabello.

Con unos pasos, como de quince metros cada uno, recorrí las dos cuadras que separan mi casa de la parada del bus. De pronto me supe sentado en un pequeño quicio, diagonal a la esquina de la ancha avenida. Contaba las hormigas que avanzaban por su fila milenaria e intentaba arroparme de un viento que cortaba con unas diminutas hojillas, que se estrellaban contra mi cara y de inmediato se convertían en gotas cálidas que entonces bajaban por surcos hacia los lados del cuello. De improviso oí una voz, y al voltear vi a la señora que recorre las calles aledañas con su carro de supermercado, en el cual saltaban dos niños, un gato y una lagartija con la cola amputada. Parpadeé y al instante veía todo borroso, intentaba hablarle a la señora y la voz no me salía. Yo modulaba y arrojaba el aire de mis pulmones a través de las cuerdas vocales, pero no lograba emitir sonido alguno. Debo haber tenido cara de suprema angustia, porque la señora se me acercó con mirada piadosa y puso una mano en mi hombro izquierdo; entonces introdujo su otra mano en un bolsillo de su saco, extrajo un pequeño pájaro y lo arrojó hacia la esquina. Entonces el pájaro se transformó en semáforo con luz verde encendida.

Al instante me encontré regresando a mi casa. Por alguna razón, que desconozco, decidí entrar por un costado, subí al árbol frondoso que acaricia mi ventana y desde allí salté. Confirmé que aún era de noche porque el árbol tenía las hojas tristes, apuntando en dirección al suelo y en lugar de verde, eran del color de una baba desteñida. Tan tristes como despechadas de clorofila. Segundos después sentí una mano sobre mi hombro y una voz cálida que me tranquilizaba. Era ella, que con dulzura me acariciaba, diciéndome que aquello había sido otra pesadilla. Al voltearme, vi una pequeña pluma verde sobre mi almohada, unos pelos de gato, unas manchas de barro en la alfombra. Sonreí, en silencio, y fui a cepillarme los dientes.

CAPÍTULO IV.   RESEÑAS

48 LECCIONES DE DEMOCRACIA DE LOS PIRATAS DEL CARIBE

Despertaba el año de 1666 y aún faltaba una semana para que cumpliera mis once años. Durante siete días y siete noches los buques piratas bombardearon la incipiente ciudad de Maracaibo. Cientos de personas habían abandonado las zonas más expuestas y se internaban en la selva, tratando de escapar de una lluvia de estruendos y municiones ardientes. Aquello parecía una fiesta malévola, un preludio infernal, una música sorda de cañones que vomitaban sus babas de fuego, sus balas pecaminosas, sus mensajes de furia y destrucción. En la mañana del octavo día comenzó el desembarco. Desde mi escondite podía ver como corrían aquellos ángeles de la muerte, que con inmensos colmillos y gritos delirantes se lanzaban dispuestos a comerse el corazón de los soldados, a rebanar las cabezas de los niños y a secuestrar a las beldades rezagadas.

En medio de esa inaudita catástrofe, una mujer pirata de belleza salvaje y bondadosa nos protegió, a mis tres hermanos y a mí, de la lava arrasadora de aquel tropel de pólvora y espadas. En la tarde, cuando había amainado el temporal de fuego, aquella princesa bestial nos mostró su cara más noble y amorosa. Nos dijo que podíamos caminar hacia la selva e intentar escapar de una amenaza de esclavitud perpetua, o irnos con ella a la isla más próspera del paraíso caribeño, donde su familia nos protegería y nos enseñaría a ser personas libres para siempre. Mis hermanos mayores desecharon la oferta de inmediato, pero mi hermana gemela, Delalba, me dijo que algo de la pirata le inspiraba confianza y que por qué no nos marchábamos con ella. "Peor que acá no vamos a estar", dijo Delalba con aquella mirada de precocidad estoica que tenía, "y siempre he soñado con una isla luminosa donde una colorida familia nos adopta". Así que esa noche nos marchamos.

Durante los siguientes años, aprendí las danzas de la defensa personal, la lucha cuerpo a cuerpo, la destreza con el cuchillo, el florete, la espada y la pistola; todo aquello combinado con las que serían las fuentes de mis más grandes fortalezas: la lectura, la escritura, la capacidad argumentativa y la facilidad para encontrar las palabras adecuadas para cada interlocutor; el uso de ganchos discursivos para detectar las cosas importantes de los otros, lo que le gustaba oír a cada quien, los valores sagrados y los asuntos pueriles del universo de hombres con el poder de las armas, el dinero y la fe.

Hoy, a mis ochenta y tres años, en pleno dominio de mis facultades mentales, escribo como un tributo a la suerte y al cariño de mis protectores, de quienes me revelaron una bondad íntima y secreta, de las mujeres que me enseñaron cómo lo delicado otorga fortaleza, que me brindaron la posibilidad de entender que son los débiles los que se vanaglorian de triunfos y poderes, que son los inseguros los que hablan más fuerte y disfrutan infligiendo dolor.

Hoy, en el reposo de una felicidad asediada por diminutas tragedias cotidianas, por la gula de dichas y placeres, por las irregularidades, miserias y alegrías de la normalidad, hoy, después de muchas guerras y bautizos, después de incontables agonías y renacimientos, en el recogimiento de una pequeña sala, iluminada por libros y mi pluma y este rayo de vela que no cesa, hoy, en compañía de mi esposa Mia y en la serenidad de esta mesa, quiero dejar escrito lo que fueron las simples reglas de aquella sociedad de hombres libres que existió en los barcos de los piratas más temidos del Caribe.

Las naves, fragatas o bergantines eran para los piratas algo semejante a lo que hoy llamamos estados o naciones. Por ello, uno de los desafíos políticos más importantes de nosotros, como filibusteros, era lograr tener un liderazgo que diera las órdenes y nos dirigiera en batallas y abordajes, con una sola voz, con criterio estratégico para el combate y vocación de victoria y, al mismo tiempo, lograr establecer unas instituciones que impidieran que ese líder, el Capitán, sometiera o esquilmara a su tripulación, es decir, a todos los que éramos ciudadanos de aquella patria nómada, cuya bandera negra contenía los símbolos del terror: una calavera y un par de tibias que ondeaban en el mástil mayor.

La primera regla institucional establecía que la tripulación elegiría con el voto de cada pirata (un hombre, un voto) a uno de ellos como el Capitán, pero, al mismo tiempo, se instituía que la tripulación también podía revocar el mandato del Capitán, si éste incumplía sus deberes, mostraba poca destreza en la batalla o tomaba para sí, de manera unilateral o secreta, una porción arbitraria del botín o de las provisiones.

Con la institución de la elección y revocación democrática del Capitán, los piratas encontramos una manera de crear incentivos políticos virtuosos para responder a la necesidad de liderazgo y de alinear al líder con los intereses de la mayoría.

La segunda institución clave para soportar nuestra sociedad de hombres libres, fue la creación de la figura del Intendente. Además de elegir democráticamente al Capitán, los piratas elegíamos al Intendente, cuya función era la de administrar las provisiones, supervisar la cocina, garantizar la distribución equitativa de alimentos, enseres y botines, y administrar justicia fuera de las batallas. Esta figura implicaba la separación del poder político en diferentes personas, electas democráticamente, con el objetivo de prevenir probables conductas predatorias por parte del Capitán. Esta sabia regla de separación de poderes perseguía lograr que cada uno de los poderes del barco se supervisaran y limitaran mutuamente.

Estas instituciones, que yo pude atestiguar durante todos los años de mi vida en barcos y en refugios, fueron la base de nuestra grotesca libertad, de nuestra infinita vocación de justicia social al interior de nuestras naves, en lo profundo de nuestras sórdidas y aventureras sociedades del mar y de la furia.

Hoy, al final de mi vida, estoy seguro que estos inventos de un puñado de forajidos contribuirán a la creación de sociedades donde las personas puedan convivir con justicia y paz entre diversos. Es este el objetivo que me guía a dejar este testimonio, a dejar constancia de que al lado del terror, de las amenazas para los transeúntes, de la disposición al saqueo y de todo el ánimo criminal que nos impelía a actuar como lo hacíamos, o quizá precisamente por todo aquello, también supimos crear reglas que limitaron las ansias de opresión y la vocación autoritaria de nuestros dirigentes.

Antigua, Navidad de 1738.

<u>Nota del editor</u>: Este testimonio es una versión libre de los fundamentos de la democracia de los piratas, que Peter T. Leeson dibuja en el capítulo 2 de su libro *"The Invisible Hook. The Hidden Economics of Pirates"*.[92]

49 TEORÍA DE LA CONSPIRACIÓN

Eran las seis y diecinueve minutos de la mañana cuando comencé a tener conciencia del nuevo día. Esta vez no me volví hacia la mesa de noche para activar la tableta donde leo las noticias mientras termino de despertarme. No me dispuse a conocer los eventos políticos y económicos que llamarían mi atención, las referencias culturales que seguro me atraparían, las ráfagas de realidad por las que suelo transitar cuando paso de la textura borrosa del sueño a la frenética nitidez de la vigilia. Esta vez no fue así. Simplemente salté como expulsado de la cama por un sueño pavoroso, por una persecución de la cual no podía escapar debido a la escasa respuesta de mis piernas, o quizá como impelido por el espasmo de una caída abrupta que me hacía recordar, demasiado temprano, los aterradores conceptos del vacío y el vértigo.

Estaba seguro de que huía de un sueño con ella. Debía ser la Isa o la Tata la que me echaba de su casa mientras yo buscaba la escalera con la ropa a medio vestir, terminando de calzarme las botas con las que campearía la humedad y los restos de nieve batida con tierra que me esperaban en los próximos trescientos metros. Lo que más me dolió fue que ella había lanzado, desde la ventana y hacia el fango lujurioso de la calle, la pequeña caja con la férula dental que requiere mi dormir para no partirme las muelas. Ninguna consideración por la minusvalía de quien depende de una férula que es casi como una prótesis, como una muleta, como un ojo de vidrio que hay que buscar entre sábanas arrugadas y almohadas sudadas y colocárselo de nuevo en su sitio y parpadear varias veces hasta que alcanza su mejor posición infeliz, su calce correcto con la carne mutilada.

"Llévate tu inmadurez lejos de aquí, so carbón", gritaba la Dona mientras me exorcizaba de su vida, "que nunca escuchas a nadie con tu monólogo de niebla, que sólo quiero que me escuches y siempre tienes que salir con tus teorizaciones, con tus hipótesis conspirativas y tus sugerencias de paralítico psicológico… ¡la chancla de tu madre!…", seguía vociferando la Isa cuando yo dejaba atrás el sueño y me abalanzaba hacia el baño para soplarme el agua en la cara, y terminar de huir de aquella presencia recurrente y maldita.

Seis minutos después, me equilibraba sobre una caminadora marca Horisson, de sofisticada ingeniería alemana, diseñada para que abandonemos la idea de caminar al aire libre, de serpentear más senderos, de disfrutar de la atención que requieren los caminos irregulares, los baches, las piedras inestables, las enredaderas y los riachuelos. Horisson produce toda una gama de maquinarias y herramientas pensadas para la anulación última o primera de la vida, para justificar el cambio climático y evitar la constatación de las desigualdades que hacen que yo tenga al lado un seguro y ordenado bosque para mis caminatas mañaneras, mientras los muchos solo tienen el concreto descascarado y el penacho oscuro que se eleva desde los autobuses.

Por la impúdica fortuna que me acompaña, pese a las persecuciones, pese a la fragua del mundo para hacer mi vida miserable o atroz (es cuestión de puntos de vista, de si es de día o de noche, por ejemplo), pese a la intención degenerativa de todo cuanto me rodea, siempre encuentro un libro que me salva y me devuelve al universo feliz de la ficción. (Luego sabría que esto último también era redundante).

El libro que me rescató aquel día se titulaba "La Uruguaya" de Pedro Mairal (Buenos Aires, 1970), y es uno de esos que nos provoca recomendar temprano, a medio leer, más como una apuesta que como una certeza literaria.[93]

Siempre es digno de celebración que después de un sueño arrollador y nefasto, después de regresar a la conciencia de la estafa de los poderes que día tras día conspiran para arruinarte la vida, después de preferir la oxigenación muscular más insulsa y rastrera por sobre el nutritivo desayuno informativo con el delicioso café humeante, justo en aquel día que empezó de manera tan miserable, con la sórdida certeza de que el escape siempre es tan solo circunstancial, justo en ese punto, llega la buena literatura y te salva un día más. Un día a la vez. Repítelo conmigo: Un día a la vez.

50 ACASO UNA TERAPIA CONTRA EL CINISMO

A las 5 p.m. de un sábado, Paola Almada llamó a Jazmín Delpiano y le preguntó por sus planes. Jazmín habló de abismos, de rocas y aves de rapiña, pero lo más importante que dijo se los transcribo a continuación:

"En dos horas cocinaré para la sonrisa del decapitado en la terraza, prepararé la cena más luciérnaga para la fenestración de madrugada, canutaré la orgáscula y la sempiterna melodía arqueará sus giodalos mientras lo lento prolonga los lituados, transita el armitusgo de lado a lado y devuelve el cirnáculo justo hasta el principio del plasigalo espejo, del tugrante, del sínfulo profundo, del grito de arabárgula y el llanto fistoceno. Entonces acoplamos inertes circanterios, invocamos consurtos sarracenos, pliégalas amazonas, barrancos tamiceros del rito, el cuerso interno tronca, respitenguea, laberinta; asciende en mirto azul y clarapinta... y solo entonces, emergerá la llama más cortante de tus ojos. Quiero habitar por siempre allí, donde naufragan mis veleros alados y puedo despertar de caracola."

La primera recomendación médica contra el cinismo es la poesía, particularmente aquella palabra que espanta la ciénaga más negra y la más simple cursilería lírica.

Por eso recurro al Gíglico de entrada, a ese lenguaje en el cual está escrito un poema que incluyó Lewis Carroll en Alicia a través del espejo, en 1871, y que en alguna traducción fue llamado "Fablistanón. Ese lenguaje que luego fue rescatado por Vicente Huidobro, en el Canto VII de Altazor y, varias décadas después, elaborado magistralmente por Julio Cortázar en el capítulo 68 de Rayuela.[94]

Traigo esto a colación, porque estaba leyendo una novela, titulada "Besar al detective" [95], de Élmer Mendoza, justo cuando Donald Trump era entrevistado por Bill O'Reilly, y éste último le preguntaba que por qué respetaba a Putin, si éste era un asesino, a lo que Trump respondió: "Hay muchos asesinos, muchos asesinos…¿te crees que nuestro país es tan inocente?".

Es tiempo de cinismo. Y se me antoja creer que el cinismo es hijo de la falta de imaginación, de la sordera visceral que no permite oír la música poética que ilumina al mundo… y el gíglico es alimento de la imaginación; y Élmer Mendoza rescata al gíglico en una escena de acercamiento hermosamente escrita, como homenaje tácito a Cortázar. Porque el gíglico es alimento de la imaginación, entonces también se me antoja creer que esta es una buena vacuna contra todo el cinismo que está nublando al mundo en estos días.

Siguiendo el vademécum literario, el segundo remedio que invoco en estas voces es acercarse a la postura ética de los detectives de cierta novela negra. Unos tipos que conocen las miserias del prójimo, que han atestiguado traiciones y placer criminal, celos sanguinarios y codicias atroces, y sin embargo, pueden ser rudamente tiernos, nobles hasta atentar contra sí mismos, capaces de arriesgar su vida por salvar el compromiso sagrado del amor hacia una enemiga, por perdonar a un criminal con base en la liberación soñada de las vidas condenadas por la injusticia o la desigualdad.

Mi más reciente ejemplo de estos vestigios de ternura en la sordidez viscosa de la vida, es el de un espía al que le faltaban todos los escrúpulos, menos uno, cuyo apellido es Falcó, como se titula la más reciente novela de Arturo Pérez-Reverte. Lea la novela, observe el gesto de la irredenta condena amatoria de Lorenzo Falcó y encontrará el mismo rasgo desafiante de Sam Spade, el rudo detective de Dashiell Hammett, o cierta coincidencia con algún gesto del comisario Salvo Montalbano, el protagonista de las novelas de Andrea Camilleri: la esperanza que habita en un corazón remendado o en un alma que ha sido templada a martillazos de dolores.

"En todo el universo de hachazos y de lunas, de sueños y de asfixias, lo más importante es el énfasis", señalaba Jazmín al fin de su delirio. "Es tu decisión enfatizar lo trágico o realzar lo risueño, lo que promete algo pese a velos de sombras o miopías. Aquello que resaltas y fija tu atención puede ser tu rescate o tu fosa. Siempre habrá ventanas para la salvación de tus días y tú decidirás dónde quieres concentrar tu atención."

Seguro hay otras, pero estas son algunas posibles medicinas contra este cinismo universal, contra esta visión lúgubre y apocalíptica que se asoma en esta era que nos toca sobrevivir, y que nos exige reinventar la esperanza desde lo más profundo de la imaginación.

51 POLÍTICA Y NOVELA NEGRA

La novela negra es una variante de la novela policial en la cual el detective, investigador o policía, según sea el caso, es testigo y sujeto de un mundo sórdido, injusto y lacerante. El crimen parece muchas veces una excusa, un vehículo del narrador para dar cuenta de un mundo de sombras y contradicciones, de derroches y miserias, donde destacan el peso del poder del dinero y la parcialidad de la justicia.

En ese entorno, el detective suele destilar cierto cinismo tras el cual se esconde una ética estoica, que muchas veces lo lleva a jugarse el pellejo por los más débiles y a no transigir ante la corrupción de los poderosos y sus secuaces.

Mi primer gran hallazgo en este suburbio del género policial, que es la novela negra, fue Dashiell Hammett, creador de un querido personaje llamado Sam Spade. Éste último es el protagonista de El Halcón Maltés, novela de Hammett que fue llevada al cine y donde Spade fue encarnado, con elegancia, por Humphrey Bogart.

Dashiell Hammett fue también todo un personaje. Abandonó el colegio a sus trece años, fue detective de la Agencia de detectives Pinkerton (una de las más antiguas empresas de investigaciones y seguridad privada de los Estados Unidos) entre sus 21 y 28 años, y peleó bajo la bandera estadounidense en las dos guerras mundiales. Pero Hammett combinaba aquel ímpetu por la acción con unas convicciones políticas a prueba de balas.

Abandonó la Agencia Pinkerton en 1922, debido a su incomodidad con que esta ofreciera a las empresas servicios de seguridad para romper huelgas. En 1937 se inscribió en el Partido Comunista y al regresar de la guerra, en 1946, fue designado presidente del Congreso por los Derechos Civiles (CRC, por sus siglas en inglés). Debido a este último rol fue encarcelado, en la década de 1950, tras negarse a dar los nombres de los contribuyentes de un fondo creado por el CRC para liberar a prisioneros acusados de actividades subversivas, durante aquel período gris que es conocido como el "Macartismo".

Pese a sus convicciones políticas, las novelas y los cuentos de Hammett, al menos los que yo conozco, nunca se acercaron al panfleto. La denuncia implícita en sus tramas y personajes nunca fue acartonada ni ideológicamente delirante. Pero después de Hammett, es inevitable sentir cierta inclinación de la novela negra hacia la izquierda política.

Aun en un tipo de género policial más descolorido que lo que hacía Hammett, es común encontrar estas afinidades ideológicas. Como ejemplos saltan el español Manuel Vázquez Montalbán, creador de un detective-gastrónomo llamado Pepe Carvalho, el italiano Andrea Camilleri, padre literario del singular Inspector Montalbano (llamado así en honor a Vázquez Montalbán), el griego Petros Márkaris, quien da vida al comisario Costas Haritos, o el cubano Leonardo Padura, progenitor del insobornable Mario Conde.

Pero volviendo a la oscuridad de la novela negra, quiero concentrarme en el caso de México. En el país de los aztecas he encontrado una huella de lo que pareciera una regla, pero también he encontrado una maravillosa excepción.

El primer caso es Paco Ignacio Taibo II, quien revela cierta influencia "hammetteana" en la construcción de su personaje central: Héctor Belascoarán Shayne.

Belascoarán es un detective principista, romántico, poco amigo del dinero, cuya semblanza se mueve entre el cartón y una entrañable simpatía. "Cuanto más complicado mejor; cuanto más imposible más bello", se repite Belascoarán Shayne a sí mismo, recordando la máxima de su padre biológico.

"Esta conciencia social adquirida por motivos emergidos de un humanismo elemental, primitivo, de una valoración de la situación eminentemente superficial, de una conciencia política construida desde el interior del mundo personal del detective, le permitía al menos concebir México desde una perspectiva acre, desde una posición crítica, desde afuera del poder y el privilegio." Así habla Taibo de su personaje en una novela llamada Cosa Fácil [96], publicada en 1977 y llevada al cine en 1979 bajo la dirección de Alfredo Gurrola.

Pero hace unos días, casi por accidente, llegué al mexicano Rafael Bernal, autor de El Complot Mongol, publicada en 1969. Bernal crea en esta novela un clima oscuro y decadente, en el cual navega Filiberto García, policía y matón, herramienta criminal de políticos y militares, que se revela como un ejecutor sin alma que despreciaba las propiedades terapéuticas de la risa y el amor. Con toda su brutal y básica eficacia criminal, Filiberto García, al final, cambia la fidelidad administrativa hacia sus superiores por la venganza del corazón.

"…Sí. Martita está muerta, muy sola con su muerte. Y yo solo con mi vida. Y del Valle y el General y todos ésos también andan ya con su muerte. Y yo solo con mi vida. Como que me van dejando atrás. Como que yo siempre estoy en la puerta, abriéndola para que pasen los que se van con su muerte. Pero yo me quedo afuera. Y ahora Martita ya entró y yo sigo fuera."[97]

Buen gusto me dejó El Complot Mongol. Narrada con la cadencia del habla popular mexicana, entretenida e hiriente, destila el lúgubre romanticismo de la clásica novela negra. Y lo hace con una elegancia que se agradece.

Resulta que Bernal era de derecha, crítico de la revolución mexicana y partidario del Sinarquismo mexicano (movimiento político social y cultural, cuyos miembros definían su ideología como nacionalista, anticomunista, católica, popular, nacionalsindicalista y socialcristiana). Y esto último crea barreras en ciertos medios culturales.

Tan es así, que el escritor mexicano Juan José Rodríguez, señaló en el 2012, en una conversación sobre los 40 años de la muerte del autor recogida por el diario mexicano El Universal, que "lo que más ha opacado la obra de Bernal, no es tanto el éxito del El Complot Mongol, sino sus filiaciones políticas. El señor creyó en el sinarquismo, era alguien de derecha y eso es un pecado que, para muchas generaciones tanto de izquierda como ligadas al priismo[98] tradicional en el poder, fue un asunto difícil de digerir o, simplemente, aceptar." [99]

Si algo he aprendido con los años, es a que mis prejuicios políticos e ideológicos no me priven de apreciar el buen arte. ¿Y qué es tal cosa como el buen arte? Simplemente el que me gusta, me conmueve o me deja pensando.

Seguro que usted tiene su propia definición.

52 LA INCREÍBLE HISTORIA DEL PREMIO NOBEL DE BOB DYLAN

"¿Cuántos caminos debe recorrer un
[hombre
Antes de que sea llamado hombre?
¿Cuántos mares debe atravesar la paloma
[blanca

Antes de dormir en la arena?
Sí, ¿cuántas veces deben volar las balas
[de cañón
Antes de ser prohibidas para siempre?
La respuesta, mi amigo, está en el viento,
La respuesta está flotando en el viento."

Fragmento de "Blowin' in the Wind", de Bob Dylan

Traducción: Claudia Aguirre Walls y Juan Villoro

A esta hora del 13 de octubre de 2016 crece la epidemia de urticaria entre muchos de los que esperaban ansiosos el anuncio del Premio Nobel de Literatura de este año. Unos por ignorancia, otros por preferencias, y no pocos por mentes cuadradas que ven a la literatura desde un barco encallado entre la novela y cierto arquetipo del escritor.

Debo confesar que nunca pensé que mi viaje a Suecia, a esperar en caliente el anuncio de este año, me trajera tanta fortuna periodística como la que descubrí este día. En realidad, mi gloria comenzó exactamente veintisiete minutos después del anuncio. A esa hora pude entrevistar a una de las dieciocho personas que deliberaron y acordaron enaltecer hoy a Bob Dylan. Sería ella quien me revelaría con detalles las claves que ahora pretendo compartir con ustedes.

Mi primera pregunta la formulé con cierto nerviosismo y con palabras bastante accidentadas. La segunda la eructé con cierta dificultad y las finales las esbocé ya sin mucho interés, al vuelo, como por mera cordialidad.

– ¿Por qué este año el Comité retrasó la decisión una semana? (Recuérdese que el anuncio de este reconocimiento está programado para producirse el primer jueves de octubre de cada año.)

– Este año tuvimos una discusión muy particular, en la cual hubo lo que podemos llamar "un campeón" o defensor del caso Dylan, y dos grupos polarizados que debieron negociar durante cinco días más de lo previsto. El miércoles cinco de octubre, un día antes de la fecha originalmente establecida para el anuncio, se rompieron las negociaciones y uno de los grupos decidió retirarse abruptamente de las conversaciones. Había algunos muy alterados y hasta hubo un colega que sufrió una crisis hipertensiva. Durante los siguientes cuatro días, quienes más insistíamos en cerrar un acuerdo no pudimos lograr que nos sentáramos de nuevo a conversar. Solo dos colegas tenían acceso a los centros neurálgicos de ambos grupos, y estuvieron yendo y viniendo durante todo el domingo hasta lograr que se aceptara reunirnos de nuevo. Apenas el pasado martes (11 de octubre de 2016), un poco antes de las once de la noche, fue que pudimos refrendar un acuerdo, gracias a la abstención de uno de los más fuertes opositores – señaló la esbelta y algo petulante profesora de literatura que accedió a conversar conmigo.

– ¿Dónde crees que estuvo la clave del inédito acuerdo en torno a Dylan?

– Yo no estoy segura de que esto sea inédito -continuó nuestra entrevistada-, pero se puede decir que este año, al final del día, los miembros del Comité compraron, sí, compraron una premonición del premio. Resulta que en una de las reuniones cruciales, una colega distribuyó entre los miembros del Comité la traducción de un artículo que había sido publicado en marzo de 2012, en la Revista de la Universidad de México. El artículo se titula "El Premio Nobel de Literatura a Bob Dylan" y había sido escrito por Pablo Espinosa, un periodista cultural y escritor mexicano. Yo diría que aquel artículo de Espinosa fue un perfecto presagio y un determinante clave de la decisión del Comité Sueco del Nobel del año 2016. Conozco de cerca los casos de cinco miembros del Comité, a los cuales el artículo de Espinosa terminó de convencer.

En aquel momento tuve un ímpetu de curiosidad y apuré el final de la conversación con nuestra elegante académica. Le pregunté sobre algunas generalidades cuyas respuestas ya conocía y le agradecí por su tiempo.

Necesitaba cerciorarme de que había entendido bien. Así que caminé hasta otro café, ubicado como a doscientos metros de donde había dejado a la bella de la academia sueca y googleé sobre el artículo de Espinosa. Pasaron siete segundos, se abrió un portal y allí estaba, a los pies del índice del número 97 de la Revista de la Universidad Autónoma de México, el profético artículo de Pablo Espinosa. Si en este punto ustedes han sido capturados por una curiosidad semejante a la mía, pueden encontrarlo en el link de la nota de pie de página de este artículo.

"El hombrecillo se encorva, trastabillea, se clava en las texturas. Algo trae metido el maestro entre pecho y espalda, entre sístole y diástole, en sus venas abiertas a la poesía. Y suena, en el momento del clímax, su armónica como suele sonar un tren que atraviesa la quietud de la noche." [100]

Hoy Bob Dylan es de nuevo aquel tren que presagió Espinosa. Una tormenta poética que ha sido galardonada con el Premio Nobel de Literatura 2016. Hay días en que provoca creer.

53 EL DATO MÁS NUTRITIVO DE LA SEMANA

Debo a la conjunción de unos libros y de unos afectos el descubrimiento de la comida árabe. Mirando hacia atrás, me convenzo de que el gusto por esta comida es el resultado de una sublimación de toda la épica sarracena, las cruzadas y la efervescencia aventurera que el mundo árabe representó desde mi infancia más lejana.

En ese remoto origen, la primera huella en la memoria es una novela de aventuras del escritor italiano Emilio Salgari, titulada "El León de Damasco". Salgari, uno de los primeros escritores feministas que conocí, había escrito al menos un par de novelas protagonizadas por unas mujeres arrojadas, valientísimas y heroicas, llamadas Leonor, también conocida como el capitán Tormenta, y Haradja, sobrina del poderoso Alí Bajá.

La segunda presencia en que hoy se detiene mi memoria son los Cuentos de la Alhambra, del escritor estadounidense Washington Irving. Tendría yo unos diecinueve años, en pleno huracán de la fiesta que fueron mis primeros años en la universidad, cuando una amiga me regaló este libro. Entonces despertó toda aquella memoria que había estado dormida, latente, de la presencia árabe o mora en las regiones equinocciales del mundo de aventuras y significación que habían construido algunos de los autores, y en las páginas más influyentes de mi accidentada vida.

Con los cuentos de Washington Irving despertaba, una vez más, la dormida seducción que el mundo árabe había causado en mí, esta vez representada en la geografía de esa maravillosa ciudad del sur de España llamada Granada y su estrella, el palacio de la Alhambra. Recuerdo, borrosa y fabulada pero persistentemente, una frase que le diría Aixa a su hijo Boabdil, el último rey moro de Granada, cuando éste cabalgaba hecho un mar de lágrimas después de entregar las llaves de la ciudad al victorioso rey Fernando: "Lloras como un hombre, lo que quizás hubieras defendido mejor como mujer".

Unos meses después de que yo descubriera los Cuentos de la Alhambra, como si mi destino estuviese marcado por los libros y el mundo árabe, comencé a trabajar en la librería Cruz del Sur, ubicada en la calle el Colegio de la zona de Caracas conocida como Sabana Grande. Para entonces, esta zona tenía como columna vertebral a lo que era el bulevar más importante de Caracas, corazón de una frenética actividad cultural.

Resulta que justo al lado de Cruz del Sur, la librería que sería el hogar de mi bohemia adolescente, estaba un pequeño restaurant árabe llamado Habibi. Entonces comenzó a ocurrir una suerte de ósmosis entre mi librería y el restaurant árabe, apenas separados por una frágil pared. Así fue como conocí los sándwiches llamados Shawarmas, el Falafel, el Hummus o crema de garbanzos, esa fresquísima ensalada llamada Tabboule, la crema de berenjenas llamada Babaganuj, y una rarísima crema de pimentón y nueces llamada Muhammara. Ahora sí, había sido yo definitivamente colonizado por el gusto y la pasión de la comida árabe. Gusto y pasión de los cuales no lograría desprenderme nunca más.

Unos pocos años más tarde, ya en mi adolescencia tardía, me mudé a esa romántica ciudad andina de Venezuela llamada Mérida. Resulta que en Mérida estuve muy cerca de la fundación de una pequeña librería, en un diminuto centro comercial, en cuyo centro, como producto del azar objetivo del que hablaba André Breton, había otro restaurant árabe. Entonces regresé al placer de mis platillos favoritos y conocí una mítica sopa de habas, cuyo gusto he luego buscado infructuosamente en restaurantes de comida árabe de varios países.

No sería hasta unos diez años después de mi pasantía por Mérida, estando en mi "período inglés" (1999-2004), cuando comencé a aprender los detalles, armonías y combinaciones de la cocina árabe. Mi esposa había viajado a Barcelona y me trajo de vuelta un pequeño tesoro: el libro "Aroma Árabe. Recetas y Relatos" escrito por el historiador palestino Salah Jamal Aboali. Con este libro calaría en mis costumbres esa dilección por la cocina árabe que me acompaña hasta hoy.

La sazón más alta de esta historia fue mi viaje de mochilero a Granada en 2002. Allí me regalé los más grandes banquetes de comida árabe maridada con literatura que he disfrutado hasta el día de hoy. Con el ajustado presupuesto de un estudiante, con la sencilla hospitalidad de mis amigos inmigrantes, con la deliciosa frugalidad que cultiva la mirada del forastero por las cosas más sencillas, con todo aquello a mi favor, caminé atragantado de historia por los pasillos de la Alhambra, conocí el Patio de los Leones, el Salón de Abencerrajes, el Patio de los Arrayanes, el Generalife, el Jardín de los Cármenes. También pateé la calle Elvira, deliciosa y sencilla, escruté las muchas librerías, recorrí el Albaicín y disfruté de una fiesta gitana en una casa-cueva del Sacromonte.

Como resultado de esta sempiterna fascinación, sazonada por una suerte inaudita, en mi casa se come con influencia árabe varios días a la semana. Como muestra acá les dejo un botón:

Shawarma de vacuno con crema de berenjenas

La crema (Babaganuj):

Encienda el horno al máximo de su temperatura y cuando esté caliente introduzca dos berenjenas grandes. Déjelas cocinar hasta que la piel esté tostada. Déjelas enfriar y quíteles la piel.

Vacíe en la licuadora tres cucharadas de tahini (pasta de sésamo o ajonjolí, disponible en supermercados o tiendas especializadas), el jugo de un limón, una pizca de sal, y una cucharada de aceite de oliva. Comience a batir y agregue un poco de agua hasta obtener una consistencia de liquidez cremosa. Pruebe y ajuste la sal y el limón hasta lograr un gusto balanceado. Saque esta crema de la licuadora y resérvela.

Una vez que las berenjenas estén a temperatura ambiente, colóquelas en una picadora, añada una pizca de sal, 1-2 dientes de ajo y unas 5-6 cucharadas de la crema de tahini recién preparada. Active la picadora lo suficiente para obtener una mezcla un poco gruesa (la idea es que se mezclen bien los ingredientes, pero que todavía se sientan pequeños trozos de berenjena). Póngala en un plato, y dele forma redonda con una cuchara. Salpíquela con perejil picado fino y resérvela.

La carne:

Para la receta tradicional pique unos 500 gr. de carne sin grasa (e.g. posta/pulpa negra) en dados de unos 2-3 centímetros por lado. Colóquela en una fuente.

Agregue a la carne 1/4 de taza de aceite de oliva, 1/2 cucharada de sal, 1 cucharada de vinagre blanco, 1 cucharadita de pimienta negra, 2-3 hojas de laurel, 1 diente de ajo machacado y 1/4 de taza de jugo de limón. Deje reposar entre 2 y 4 horas.

Corte dos pimentones verdes o rojos y 3 cebollas en cuadrados de aprox. 3cm.

Lo ideal es hacer la carne a la parrilla. Para esto, use brochetas de bambú o varitas de metal, e inserte en estas, alternadamente, los trozos de carne, pimentón y cebolla. Áselos a la parrilla durante unos 10 minutos.

Los sándwiches:

Lo ideal es usar pan tipo pita, fresco, delgado, de unos 20 cm de diámetro.

Corte un poco de lechuga y combínela con perejil picado grueso.

Arme sus sándwiches en cada pita colocando primero la ensalada luego salpique un poco de crema de tahini y coloque las carnes y vegetales asados. Envuélvalos formando un cilindro grueso y sírvalos acompañados con la crema de berenjena.

Acompañe con vino tinto, Cabernet Sauvignon o Syrah.
¡Salud!

SOBRE EL AUTOR

Pavel Gómez (Maiquetía, Venezuela, 1966), tiene una formación ecléctica que combina elementos de economía, ciencias políticas, políticas públicas, sociología y literatura. Hijo de padres militantes del romanticismo guerrillero latinoamericano, vivió cuando niño en la clandestinidad, en la década de 1970, y fue activista estudiantil de izquierda en los tempranos ochenta. Obtuvo el título de economista, en la Universidad Central de Venezuela (1989). Después de un período dedicado a la realización de talleres de literatura y filosofía, estudió un MBA en el IESA, Venezuela (1996), un Master en Economía en la Universidad de Warwick, Reino Unido (2000) y un PhD en Estudios de Negocios en Coventry University, Reino Unido(2007). Ha desarrollado una carrera como profesor universitario, consultor y ensayista, combinando el análisis político y estratégico con elementos de teoría de juegos, microeconomía, crónica y narrativa. Vive en Santiago de Chile desde 2010.

Notas:

[1] Dornbusch, R. y Edwards, S. (1991). The Macroeconomics of Populism in Latin America. Chicago: The University of Chicago Press. (Disponible en: http://papers.nber.org/books/dorn91-1).

[2] Véanse las publicaciones del *Team Populism*, de la Brigham Young University. (Disponibles en: https://populism.byu.edu/Pages/Publications)

[3] Laclau, E. (2005). *La Razón Populista*. Buenos Aires: Fondo de Cultura Económica de Argentina, S.A. (Disponible en: https://www.amazon.com/raz%C3%B3n-populista-Seccion-Sociologia-Spanish-ebook/dp/B009609MN6)

[4] https://en.wikipedia.org/wiki/Ernesto_Laclau

[5] https://es.wikipedia.org/wiki/%C3%8D%C3%B1igo_Errej%C3%B3n#cite_note-13

[6] https://es.wikipedia.org/wiki/Juan_Carlos_Monedero

[7] Errejón, Í. (2012). *La lucha por la hegemonía durante el primer gobierno del MAS en Bolivia (2006-2009): un análisis discursivo*. Tesis doctoral. Madrid: Universidad Complutense de Madrid. Págs. 215-216. (Disponible en: http://eprints.ucm.es/14574/1/T33089.pdf)

[8] https://www.washingtonpost.com/news/monkey-cage/wp/2016/11/02/heres-what-citizens-who-vote-for-authoritarians-like-trump-have-in-common/?postshare=7191478126781483&tid=ss_fb&utm_term=.2ceee675df8c

[9] Cohen, M. y A. E. Smith. (2016), Do Authoritarians Vote for Authoritarians? Evidence from Latin America, *Research and Politics, (forthcoming)*.

[10] http://righteousmind.com/author/jonathan-haidt-2/page/2/

[11] García-Pelayo, M. (2004). Notas sobre el resentimiento en su dimensión psicopolítica.

En Scheler, M. (2004). *Sobre el resentimiento*. Caracas: Ediciones de la Fundación

Manuel García-Pelayo, pp.11-22.

[12] Scheler, M. (2004). *Sobre el resentimiento*. Caracas: Ediciones de la Fundación

Manuel García-Pelayo.

[13] Hamilton, D.M. (2015). Calming Your Brain During Conflict. *Harvard Business Review* (digital article), December, 22, 2015. (Disponible en: https://hbr.org/2015/12/calming-your-brain-during-conflict)

[14] Ver: https://www.theguardian.com/science/2016/nov/01/human-brain-is-predisposed-to-negative-stereotypes-new-study-suggests?CMP=twt_gu

[15] Spiers, H., et al, (2016). Anterior Temporal Lobe Tracks the Formation of Prejudice. *Journal of Cognitive Neuroscience, Octubre 2016.*

[16] Acemoglu, D., J. A. Robinson y R. Torvic. (2013). Why Do Voters Dismantle Checks and Balances?, *Review of Economic Studies 80*, 845–875. (Disponible en: http://scholar.harvard.edu/files/jrobinson/files/checks_and_balances_published.pdf?m=1374966454)

[17] Henderson, R. M. y Ramanna, K. (2012). Managers and Market Capitalism, Module Note. *Harvard Business School BGIE Unit Case No. 112-043.* Disponible en: SSRN: https://ssrn.com/abstract=2027948

[18] Ver: http://www.culturalcognition.net/

[19] Kahan, D. M., Wittlin, M., Peters, E., Slovic, P., Ouellette, L., Braman, D., and Mandel, G. N. (2011). The Tragedy of the Risk-Perception Commons: Culture Conflict, Rationality Conflict, and Climate Change. *Temple University Legal Studies Research Paper No. 2011-26*; *Cultural Cognition Project Working Paper No. 89*; *Yale Law & Economics Research Paper No. 435*; *Yale Law School,* Public Law Working Paper No. 230. Disponible en: SSRN: https://ssrn.com/abstract=1871503 or http://dx.doi.org/10.2139/ssrn.1871503

[20] Kahan, D y Braman, D. (2003). More Statistics, Less Persuasion: A Cultural Theory of Gun-Risk Perceptions. *University of Pennsylvania Law Review, 151*(4), 1291-1327. (Disponible en: http://scholarship.law.upenn.edu/cgi/viewcontent.cgi?article=3212&context=penn_law_review)

[21] Graham, J., Haidt, J. y Nosek, B. (2009).   Liberals and Conservatives Rely on Different Sets of Moral Foundations. *Journal of Personality and Social Psychology, 96* (5), 1029 –1046 (Disponible en: http://www-bcf.usc.edu/~jessegra/papers/GrahamHaidtNosek.2009.Moral%20foundations%20of%20liberals%20and%20conservatives.JPSP.pdf) ; Carter, M. (2013). Advancing Identity Theory: Examining the Relationship between Activated Identities and Behavior in Different Social Contexts. *Social Psychology Quarterly, 76*(3) 203–223 (http://journals.sagepub.com/doi/abs/10.1177/0190272513493095); Kahan, Jenkins-Smith y Braman. (2010). Cultural cognition of scientific consensus. *Journal of Risk Research,* 14(2).

(http://www.tandfonline.com/doi/abs/10.1080/13669877.2010.511246).

[22] Kahan, D. (2013). Ideology, Motivated Reasoning, and Cognitive Reflection. *Judgment and Decision Making, 8*(4), 407–424. (Disponible en: http://journal.sjdm.org/13/13313/jdm13313.pdf).

[23] Feinberg, M. y Willer, R. (2015). From Gulf to Bridge When Do Moral Arguments Facilitate Political Influence?. *Personality and Social Psychology Bulletin, 41*(12), 1665–1681. (Disponible en: http://journals.sagepub.com/doi/pdf/10.1177/0146167215607842).

[24] Zingales, L. (2017), Towards a Political Theory of the Firm. *Stigler Center for the Study of the Economy and the State University of Chicago Booth School of Business, New Working Paper Series N° 10*, Página 2.

[25] Coronil, F. (1997). *The magical state*. Chicago: The University of Chicago Press.

[26] http://www.univision.com/noticias/america-latina/el-gobierno-de-trump-impondra-sanciones-al-vicepresidente-de-venezuela-por-supuestos-lazos-con-narcotrafico

[27] Acemoglu, D., J. A. Robinson y R. Torvic, (2013). Why Do Voters Dismantle Checks and Balances?, *Review of Economic Studies 80*, 845–875. (Disponible en: http://scholar.harvard.edu/files/jrobinson/files/checks_and_balances_published.pdf?m=1374966454)

[28] Boas, T. C.y J. Gans-Morse. (2009). Neoliberalism: From New Liberal Philosophy to Anti-Liberal Slogan, *Studies in Comparative International Development, 44*(2), pp 137–161.

[29] Simon. H. A. (1978). *Rational decision-making in business organizations*. Nobel Memorial Lecture, 8 December, 1978. (Disponible en: https://core.ac.uk/download/pdf/6322096.pdf)

[30] Rey, J.C. (2009). Crisis de la responsabilidad política en Venezuela. La remoción de Carlos Andrés Pérez de la Presidencia. Cuaderno de la Fundación Nº 14. Caracas: Fundación Manuel García-Pelayo.

[31] Stephan, M.J. y E. Chenoweth. (2008). Why Civil Resistance Works. The Strategic Logic of

Nonviolent Conflict. *International Security, 33*(1), 7–44. (Disponible en: http://www.belfercenter.org/sites/default/files/legacy/files/IS3301_pp007-044_Stephan_Chenoweth.pdf)

[32] Falk, A. E. Fehr y U. Fischbacher. (2008). Testing theories of fairness— Intentions matter. *Games and Economic Behavior, 62*(1), 287-303. (http://www.sciencedirect.com/science/article/pii/S0899825607000784).

33 Frey, B. y F. Oberholzer-Gee. (1997). The Cost of Price Incentives: An Empirical Analysis of Motivation Crowding-Out. *The American Economic Review, 87*(4), 746-755.

34 Para mayor información sobre las ideas propuestas por Haidt y sus colegas de la que podríamos llamar la escuela de "la teoría de los fundamentos morales", ver http://moralfoundations.org/. Allí pueden encontrarse las publicaciones más importantes sobre este enfoque.

35 Ver el artículo de Evan Romero-Castillo para La voz multimedia de Alemania (Deutsche Welle -DW), titulado "Maduro y el Arco Minero del Orinoco", disponible en: http://www.dw.com/es/maduro-y-el-arco-minero-del-orinoco/a-19530347.

36 Véase el artículo escrito por Alexandra Ulmer para Reuters, titulado "Venezuela's Maduro wins power over oil despite court reversal". (Disponible en: http://www.reuters.com/article/us-venezuela-politics-oil-analysis-idUSKBN1740XF)

37 Véase el artículo escrito por Alexandra Ulmer y Marianna Parraga para Reuters, titulado "Exclusive: Venezuela's cash-strapped PDVSA offers Rosneft oil stake – sources". (Disponible en: http://www.reuters.com/article/us-venezuela-pdvsa-rosneft-idUSKBN16N2E9).

38 Véase Feinberg, M., R. Willer y C. Kovacheff. (2017). Extreme Protest Tactics Reduce Popular Support for Social Movements. *Rotman School of Management Working Paper No. 2911177*. (Disponible en: https://papers.ssrn.com/sol3/papers.cfm?abstract_id=2911177).

39 Pizzolatto, N. (2014). Galveston. Barcelona: Salamandra. Ver: http://salamandra.info/libro/galveston

40 Véase el artículo "True Detective" de Wikipedia, disponible en: https://en.wikipedia.org/wiki/True_Detective

41 Véase el artículo de Daniel Pardo, escrito para BBC Mundo en marzo de 2016, y titulado "Camimpeg, la polémica petrolera que Maduro creó para los militares de Venezuela". (Disponible en: http://www.bbc.com/mundo/noticias/2016/03/160315_venezuela_petrolera_militares_dp).

42 Ver Wikipedia. Cámara de eco. (Disponible en: https://es.wikipedia.org/wiki/C%C3%A1mara_de_eco_(medios)).

43 Quattrociocchi, W., A. Scala y C.R. Sunstein. (2016). *Echo Chambers on Facebook*. Working paper disponible en: https://papers.ssrn.com/sol3/papers.cfm?abstract_id=2795110

[44] Véase el artículo de Wikipedia titulado "Sharing economy". Disponible en: https://en.wikipedia.org/wiki/Sharing_economy.

[45] Garrett Camp fue quien concibió originalmente la idea de Uber. Para una descripción concisa de este proyecto, ver: https://en.wikipedia.org/wiki/Garrett_Camp

[46] En el 2009, Kalanick se sumó a Garrett Camp en el proyecto Uber, reconociendo explícitamente que la idea había sido originalmente de Camp. Ver: https://en.wikipedia.org/wiki/Travis_Kalanick

[47] Brian Chesky estudió en la Escuela de Diseño de Rhode Island, en la cual obtuvo su pregrado en diseño industrial. En esta escuela, Chesky conoció a Joe Gebbia, junto al cual fundaría luego Airbnb. Ver: https://en.wikipedia.org/wiki/Brian_Chesky

[48] Gebbia obtuvo un título en diseño gráfico y diseño industrial de la Escuela de Diseño de Rhode Island, formación que luego complementó con cursos de negocios en Brown University y en el MIT. Ver: https://en.wikipedia.org/wiki/Joe_Gebbia

[49] Blecharczyk es un emprendedor nato. Su primera idea lucrativa la llevó a cabo mientras estudiaba en la secundaria, y consistía en servicios de mensajería electrónica masiva (*spamming*). Ver: https://en.wikipedia.org/wiki/Nathan_Blecharczyk

[50] Austin, S. C. Canipe and S. Slobin, The Billion Dollar Startup Club, The Wall Street Journal. Disponible en: http://graphics.wsj.com/billion-dollar-club/

[51] Véase: Edelman, B., and D. Geradin. (2016). Efficiencies and Regulatory Shortcuts: How Should We Regulate Companies like Airbnb and Uber?. *Stanford Technology Law Review 19*, 293–328.

[52] Esta sección está basada en Edelman and Gerardin, (2016). Ver nota anterior.

[53] Stephen Kevin Bannon es un asesor político, quien ha sido ejecutivo de medios y productor de cine, quien fue nombrado por Donald Trump, el 20 de enero de 2017, como Jefe de estrategia (*Chief Strategist*) de la Casa Blanca de los EEUU. Ver: https://en.wikipedia.org/wiki/Steve_Bannon

[54] Véase el artículo de Elise Viebeck, Jerry Markon y Karen DeYoung, escrito para The Washington Post el 14 de noviembre de 2016 y titulado "Trump, Putin agree in phone call to improve 'unsatisfactory' relations between their countries, Kremlin says". (Disponible en: https://www.washingtonpost.com/news/powerpost/wp/2016/11/14/trump-faces-backlash-over-appointing-bannon-as-a-top-aide-a-choice-critics-say-will-empower-white-nationalists/?hpid=hp_hp-top-table-main_lede-desktop-

only%3Ahomepage%2Fstory&utm_term=.c63f383a7bd4).

[55] Véase el artículo escrito por Eileen Patten el 01 de julio de 2016 para pewresearch.org, y titulado "Racial, gender wage gaps persist in U.S. despite some progress". (Disponible en: http://www.pewresearch.org/fact-tank/2016/07/01/racial-gender-wage-gaps-persist-in-u-s-despite-some-progress/).

[56] Véase: Eurostat. Statistics explained. *Gender pay gap statistics*. (Disponible en: http://ec.europa.eu/eurostat/statistics-explained/index.php/Gender_pay_gap_statistics).

[57] La discriminación estadística es una teoría económica de la discriminación que se basa en estereotipos, en la cual unos individuos escogen discriminar porque es racional hacerlo y los sujetos discriminados escogen comportarse de una manera que refuerza la discriminación, precisamente porque son discriminados. En diversos experimentos se ha demostrado que esta discriminación se inicia por una razón superflua (por ejemplo, si se supone que las personas de cabello negro son más inteligentes o más aptas o más educadas que las personas de cabello castaño), y sin embargo esta superflua discriminación inicial crea luego conductas que se refuerzan entre sí y refuerzan la discriminación. Así se completa un círculo vicioso de discriminación, cuya base inicial era un estereotipo insustancial. Para una descripción general, véase: el artículo de Wikipedia *"Statistical discrimination"*, disponible en: https://en.wikipedia.org/wiki/Statistical_discrimination_(economics). Para ver los detalles del experimento y su modelación usando el concepto de Equilibrio-bayesiano-perfecto, de la teoría de juegos, véase el capítulo 32 (Statistical discrimination) de Holt, C. (2007). *Markets, Games, and Strategic Behavior*. Boston: Pearson-Addison Wesley.

[58] Véanse el artículo de Wikipedia "Pizzagate conspiracy theory", (disponible en: https://en.wikipedia.org/wiki/Pizzagate_conspiracy_theory) y el artículo de Aric Jenkins, publicado el 24 de marzo de 2017 en **time.com** y titulado "'Pizzagate' Gunman Pleads Guilty to Comet Ping Pong Shooting". (Disponible en: http://time.com/4712875/pizzagate-edgar-maddison-welch-guilty-comet-ping-pong/).

[59] Sunstein, C. R. y A. Vermeule. (2008). Conspiracy Theories. *Harvard Public Law Working Paper No. 08-03; U of Chicago, Public Law Working Paper No. 199; U of Chicago Law & Economics, Olin Working Paper No. 387*. (Disponible en: https://ssrn.com/abstract=1084585 or http://dx.doi.org/10.2139/ssrn.1084585).

[60] Para una idea general de este juego, véase el artículo de Wikipedia "Dilema del prisionero", disponible en:

https://es.wikipedia.org/wiki/Dilema_del_prisionero.

[61] Para una panorámica de este caso, véase el especial realizado por The Washington Post titulado "The Watergate Story", disponible en: https://www.washingtonpost.com/politics/watergate/.

[62] Kolbert, E. (2017). Why Facts Don't Change Our Minds. The New Yorker, February 27, 2017 Issue. Disponible en: http://www.newyorker.com/magazine/2017/02/27/why-facts-dont-change-our-minds.

[63] Ver: Mercier, H. y D. Sperber. (2011). Why do humans reason? Arguments for an argumentative theory. *Behavioral and Brain Sciences 34*, 57-111. (Disponible en: http://repository.upenn.edu/cgi/viewcontent.cgi?article=1017&context=goldst one).

[64] Fernbach, P., T. Rogers, C. Fox, y S. Sloman. (2013). Political Extremism Is Supported by an Illusion of Understanding. *Psychological Science 24*(6), 939-946. (Disponible en: https://scholar.harvard.edu/files/todd_rogers/files/political_extremism.pdf).

[65] Ver: Gorman, S. y J. M. Gorman. (2016). *Denying to the grave: Why we ignore the facts that will save us.* Oxford: Oxford University Press.

[66] Véase el artículo escrito por el Equipo de Investigación de CIPER, titulado "Ex asesor de diputada Marta Isasi revela pagos de Corpesca para financiar campañas políticas", el cual fue publicado en el portal ciperchile.cl, el 10 de mayo de 2013. (Disponible en: http://ciperchile.cl/2013/05/10/ex-asesor-de-diputada-marta-isasi-revela-pagos-de-corpesca-para-financiar-campanas-politicas/).

[67] Véase el reportaje del Diario La Tercera, titulado "Caso Corpesca: Jaime Orpis es desaforado y Fiscalía podrá pedir formalización". (Disponible en: http://www.latercera.com/noticia/caso-corpesca-jaime-orpis-es-desaforado-y-fiscalia-podra-pedir-formalizacion/).

[68] Idem supra.

[69] Reportaje del diario The Clinic, titulado "Corte de Apelaciones aprueba desafuero de senador Jaime Orpis por caso Corpesca". Publicado el 14 de enero de 2016. (Disponible en: http://www.theclinic.cl/2016/01/14/caso-corpesca-corte-de-apelaciones-revisa-alegatos-en-torno-a-solicitud-para-desaforar-a-jaime-orpis/).

[70] Véase el artículo del diario The Clinic, titulado "RN califica de "aberración institucional" decisión de la Cámara de admitir proyecto que busca anular Ley de Pesca", publicado el 19 de enero de 2016. (Disponible en:

http://www.theclinic.cl/2016/01/19/rn-califica-de-aberracion-institucional-decision-de-la-camara-de-admitir-proyecto-que-busca-anular-ley-de-pesca/).

[71] Ver, en el Diario El Mercurio, la columna titulada "Hablemos de violación", escrita por Isabel Allende y publicada en la edición del 27 de abril de 2016. (Disponible en:
http://www.elmercurio.com/blogs/2016/04/27/41294/Hablemos-de-violacion.aspx).

[72] Ver el artículo de Pamela Gutiérrez, escrito para el diario El Mercurio y titulado "Aborto: Rector de la UC pide ampliar objeción de conciencia a todo el equipo médico", publicado en la edición del 13 de marzo de 2016. (Disponible en: http://www.elmercurio.com/blogs/2016/03/13/40109/Aborto-Rector-de-la-UC-pide-ampliar-objecion-de-conciencia-a-todo-el-equipo-medico.aspx).

[73] Véase el víde de CNN-Chile, titulado "Rector Sánchez defendió "ideario" anti-aborto de la Universidad Católica". Publicado en el website cnnchile.com el 01 de abril de 2016. (Disponible en:
http://www.cnnchile.com/noticia/2016/04/01/rector-sanchez-defendio-ideario-anti-aborto-de-la-universidad-catolica).

[74] Cadem, Track semanal de opinión pública, 07 de septiembre de 2015, Estudio N°86. (Disponible en: http://plazapublica.cl/wp-content/uploads/658799.pdf).

[75] Esta encuesta está disponible en: http://www.pazciudadana.cl/wp-content/uploads/2016/04/delincuencia-y-opinion-fpc-abril-2016.pdf

[76] Véase la Carta de Harald Beyer, titulada "Control de identidad", publicada en el diario El Mercurio en la edición del día 23 de mayo de 2016. (Disponible en: http://www.elmercurio.com/blogs/2016/05/23/41971/Control-de-identidad.aspx).

[77] Duce, M. (2016). Legislando en la oscuridad. El caso del control de identidad preventivo y su debate en la Cámara de Diputados. *Estudios Públicos 141*. (Disponible
en: https://www.cepchile.cl/legislando-en-la-oscuridad-el-caso-del-control-de-identidad-preventivo/cep/2016-05-04/113724.html).

[78] Idem supra.

[79] Irarrázabal, P. (2015). Igualdad en las calles en Chile: el caso del control de identidad. *Política Criminal 10*(19). (Disponible en:
http://www.scielo.cl/pdf/politcrim/v10n19/art08.pdf).

[80] Ver: Gobierno de Chile. Ministerio de Salud. Decreto que otorga curso legal al Reglamento del la Ley de Etiquetado de Alimentos. (Disponible en: http://web.minsal.cl/reglamento-de-la-ley-de-etiquetado-de-alimentos-

descarga/).

81 Vio del Río, F. Ausencia de Políticas Públicas para Enfrentar la Obesidad Infantil en Chile. Nutrición y Vida. (Disponible en: http://nutricionyvida.cl/ausencia-de-politicas-publicas-para-enfrentar-la-obesidad-infantil-en-chile/).

82 Esta discusión está basada en un estudio de la Oficina de Buenas Prácticas Regulatorias del Gobierno de Australia, titulado "Influencing Consumer Behaviour: Improving Regulatory Design". Diciembre de 2012. (Disponible en: http://ris.pmc.gov.au/2012/12/18/obpr-research-paper-influencing-consumer-behaviour-improving-regulatory-design/)

83 Sunstein, C. R. (2011). Empirically Informed Regulation. *University of Chicago Law Review, 78*(4); *Harvard Public Law Working Paper No. 13-03*. (Disponible en: https://papers.ssrn.com/sol3/papers.cfm?abstract_id=2128806).

84 Véase la noticia redactada por Rocío Montes para el diario El País, titulada "Bachelet se querella por injurias y calumnias contra una revista". Publicada el 04 de junio de 2016. (Disponible en: http://internacional.elpais.com/internacional/2016/06/01/america/146479737 7_481378.html).

85 Idem.

86 Popper, K. (2010). *La Sociedad Abierta y sus Enemigos*. Barcelona: Paidós Ibérica.

87 Véase el artículo de Yezid Arteta Dávila, titulado "Ahí le dejo estos fierros", el cual fue publicado el 04 de octubre de 2016, en la sección de opinión de semana.com. (Disponible en: http://www.semana.com/opinion/articulo/yezid-arteta-davila-ahi-le-dejo-esos-fierros/497742).

88 UDI es también el acrónimo de la Unión Demócrata Independiente, uno de los principales partidos de la derecha chilena, cuya filosofía se sitúa en el extremo derecho del espectro político chileno.

89 Véase el poema de Lemebel completo en: http://lemebel.blogspot.cl/2005/11/manifiesto-hablo-por-mi-diferencia.html

90 Jaime Guzmán fue un político y constitucionalista chileno, colaborador en asuntos jurídicos y políticos del general Augusto Pinochet durante la dictadura militar, quien falleció como consecuencia de un atentado perpetrado por dirigentes del movimiento chileno "Frente Patriótico Manuel Rodríguez", el 01 de abril de 1991. Ver: https://es.wikipedia.org/wiki/Jaime_Guzm%C3%A1n

91 Véase: http://www.efe.com/efe/america/ame-hispanos/republicano-de-eeuu-no-podemos-restaurar-la-civilizacion-con-bebes-otros/20000034-

3206543.

[92] Leeson, P. (2009). *The Invisible Hook. The Hidden Economics of Pirates.* Princeton, New Jersey: Princeton University Press.

[93] Mairal, P. (2016). *La Uruguaya.* Buenos Aires: Planeta.

[94] Véase el artículo titulado Gíglico, de Wikipedia. (Disponible en: https://es.wikipedia.org/wiki/Gl%C3%ADglico).

[95] Mendoza, E. (2016). *Besar al Detective.* Madrid: Literatura Random House.

[96] Taibo II, P. I.(1977). *Cosa Fácil.* Madrid: Planeta.

[97] Bernal, R. (1969). *El Complot Mongol.* México: Editorial Joaquín Mortiz.

[98] Relativo a los partidarios del Partido Revolucionario Institucional (PRI), partido que dominó monopólicamente la escena política del siglo XX mexicano.

[99] Véase el artículo titulado "Rafael Bernal el pionero de la novela policiaca". Publicado en el diario El Universal, de México, el 17 de septiembre de 2012. (Disponible en: http://archivo.eluniversal.com.mx/cultura/69817.html).

[100] Espinosa, P. (2012). El Premio Nobel de Literatura a Bob Dylan. *Revista de la Universidad de México, 97* (Nueva época), 104-107. (Disponible en: http://www.revistadelauniversidad.unam.mx/9712/pdf/97espinosa.pdf).